INTRODUCTION À L'HISTOIRE DE L'ART FRANÇAIS

ISBN : 2-08-081601-2
Imprimé en France

André Chastel

INTRODUCTION À L'HISTOIRE DE L'ART FRANÇAIS

Flammarion

Avertissement de l'éditeur

En tête de son *Art français*, André Chastel avait prévu de placer une introduction qu'élargirent très vite aux dimensions d'un livre un examen vigilant des outils et des tics des historiens et l'approfondissement de son entreprise.

Au fil de la plume et de l'expérience du défi qu'il s'était lancé, il en vint à dresser un sommaire détaillé pour répartir ses réflexions et ses questionnements préalables sur les permanences physiques et morales du sol et de l'esprit français, sur les moyens qui s'offrent et les obstacles qui s'opposent à la quête de l'historien, lorsque ce dernier ne cède pas à la routine des catégories établies.

Manifestement André Chastel attachait une importance particulière à cette introduction ainsi qu'en témoigne le souci de la formule et l'abondant manuscrit préparatoire qu'il a laissé derrière lui. Si le temps lui a fait défaut pour mettre la dernière main à ce « livre », alors qu'il a pu achever quatre gros volumes de *L'Art français*, son manuscrit était assez avancé pour constituer, tel quel, sous sa forme de fragments et de notes, une contribution irremplaçable à notre connaissance de l'art français et, en dépit de son état d'inachèvement, un des ouvrages les plus accomplis et peut-être les plus novateurs du grand historien.

Pour ce qui est de l'établissement du texte, l'éditeur a, bien entendu, respecté l'ordre esquissé par l'auteur : parallèlement à la rédaction de son *Art français*, il plaçait simplement ses annotations dans de petits dossiers suivant le plan d'ensemble qu'il avait adopté, annotations qu'il nous a fallu, dans certains cas, regrouper.

Avant-Propos

« Il arrive parfois dans un jardin bordé d'ormeaux, qu'on sait environné de milliers d'abeilles, un essaim qui vient d'éclater et puis soudain tout s'agglomère, se ramasse en vrombissant [...] »

Préparant son dernier grand travail — L'Art français *dont les éditions Flammarion assurent par ailleurs l'importante et difficile publication*[1] *— André Chastel avouait avoir longuement « guetté l'essaim »... Évidement plume en main. D'où ici réunis des centaines de notations, de remarques, et de paragraphes animés, sincères, parfois combatifs, inquiets ou émus, souvent brillants et ravis de surprendre, jamais indifférents.*

En somme un récit épris de « propos » aussi libres que ceux d'Alain sur les « beaux-arts » mais terriblement professionnels, bien que de lecture fluide, voire agréable.

C'est presque aussi le journal d'une œuvre inachevée qui s'avouait « démesurément ambitieuse ».

Bien entendu, il serait « naïf » de poursuivre un « art français » dont un seul critère, un « esprit français », tra-

1. Notre reconnaissance va à toute l'équipe d'amis et de collaborateurs d'André Chastel : autour de Marie-Geneviève de La Coste-Messelière a été mise en œuvre l'admirable dépense d'intelligence, de patiente énergie et de dévouement qui permet seule aujourd'hui d'honorer une mémoire.

verserait l'espace et le temps. André Chastel n'a retenu aucun suivi pendant deux mille ans d'une production d'œuvres d'un débit et d'une localisation inégaux. C'est faire l'économie de bien des banalités. Ne citons que les « frontières naturelles » ou l'importance accordée aux « influences ».

À ce dernier « terme désastreux », il faut substituer un « tamisage », étrange pouvoir de retenir avec désinvolture pour restituer sous une forme différente les créations venues d'ailleurs — les exemples italiens abondent évidement. Cette force exceptionnelle est « facilement associée à un sentiment de supériorité tour à tour insupportable et justifié ».

S'adressant directement aux « faits artistiques dans la durée », deux idées directrices seulement, également prudentes et fertiles : une « robuste continuité », à peu près inconsciente — les Français ont d'ailleurs donné la priorité aux lettres, l'art étant « la face de son identité que la culture française a le moins bien assumée » — continuité d'un artisanat n'ayant jamais lâché prise depuis les Gaulois ; capacité « fabricatoire » (distincte de l'art populaire) sans motivations supérieures ; libre exercice où l'auteur voit le secret d'un primat de l'architecture — l'art français par excellence. La deuxième direction de recherche porte sur la nature assez mystérieuse du « tamisage » : elle repose sur une sorte de don assez multiforme qui témoigne du bonheur d'être, du plaisir de rayonner et d'un sens inouï de l'enchaînement formel, « tendre et varié » comme un sol où s'élève un ensemble unique au monde de cathédrales.

Paule-Marie GRAND-CHASTEL

Introduction

Cet ouvrage est dédié au milliers d'artisans et d'artistes qui ont construit et aimé ce pays. Aux centaines d'érudits qui les ont sauvés de l'oubli.

Un simple coup d'œil sur le programme à traiter suffit à convaincre chaque membre de la communauté scientifique, et l'auteur de ces lignes en particulier, d'une incompétence à embrasser une pareille totalité. Il n'y avait qu'une issue : tenter la mise en place de « notions » utiles plutôt que de l'énumération des données et ponctuer ces indications d'exemples précis et raisonnablement documentés.

L'idéal de l'« explication », selon Raymond Aron, « c'est de retrouver simultanément les intentions des *acteurs* et le mécanisme par lequel les *acteurs* ont construit un monde différent de celui qu'ils avaient l'intention de construire » (*Leçons sur l'histoire,* 1989). C'est bien là ce qui nous préoccupe : saisir en même temps une volonté spécifique et le champ le plus large, plus obscur, à l'intérieur duquel elle s'exerce et où l'œuvre va s'insérer. Avec toutefois un privilège singulier, pour lequel il aurait fallu inventer le terme d'« incontournable » — s'il n'était banalisé au point de perdre les aspérités de son relief : l'existence d'un *objet*, d'une chose, dont les vicissitudes même, les manipulations parfois grossières, l'usure naturelle, constituent une seconde ligne d'évolution historique, solidaire de celle de l'« *œuvre* » à laquelle on prête attention et indépendante de l'auteur qui intervient. Donc un parti d'« explication » plus complexe dès le départ que les faits historiques proprement dits.

Comme si les personnages de l'histoire étaient tout d'une pièce, la monarchie un bloc sans faille, les artistes des mannequins obéissants, la société une masse nouée sur elle-même... C'est parfois l'impression que les images nous donnent, peut-être même l'impression que toutes ces figurations voulaient donner. Mais le problème est justement d'embrasser aussi ce qui échappait aux normes, les inventions incessantes. Le grand risque dans l'étude de l'art français est de se contenter d'examiner dans quelle mesure il se conforme ou non aux normes.

Celles-ci sont des éléments parmi d'autres.

On peut rappeler l'apologue des trois ouvriers dans *La Citadelle* de Saint-Exupéry : l'un dit :« Moi, je taille une pierre, j'aime ça » ; l'autre dit :« Je gagne ma vie et celle de ma famille » ; le troisième :« Je bâtis une cathédrale ». Tous les ouvriers de France et de Navarre ont pu parler ainsi.

La recherche de la France à travers ses « monuments » comme on disait autrefois — c'est-à-dire les vestiges de ce qui a compté dans le « décor de la vie » — exige un type de mémoire très différent de l'histoire des événements et plus encore de celle des idées.

Je n'ose espérer que le travail de mise en perspective

accompli ici réussisse à orienter mes compatriotes vers une perception plus sérieuse, moins abstraite, moralisante, mesquine et conventionnelle des œuvres. Il faudrait qu'ils comprennent que ce formidable héritage leur appartient. Ce ne sont pas tant les « idées » qui importent, mais les formes qui nous font instantanément contemporains du moine cistercien et du marquis.

C'est le plus divers, le plus allègre, le plus *habitable* des pays où vivre.

Cet enroulement de l'activité artistique sur elle-même, chaque foyer s'accordant avec les autres, aucun registre ne restant en dehors, est, à tout prendre, un phénomène extraordinaire. On est contraint de se demander si la didactique habituelle des arts et des techniques, peinture, sculpture et le reste, est bien à sa place ici. Elle est appauvrissante dans la mesure même où la tapisserie marche avec la peinture, les stucs et les reliefs du décor avec la sculpture, le tout avec le mobilier qui n'ignore pas la céramique et la tapisserie. Mais comment formuler la loi cachée, le principe commun à des travaux si constants, si variés, si abondants ?

Goethe disait être devenu, à la fin de ses jours, une sorte d'être collectif, redevable à d'innombrables leçons. L'auteur d'un livre aussi démesurément ambitieux que celui-ci ne peut que se considérer à son tour comme un être mixte, un « polypier d'image » — comme disait Taine de la conscience. Ces images empruntées ont été enchaînées aussi soigneusement que possible pour ne tomber jamais dans le désagréable « collage » des sources et des remarques hétérogènes.

Il arrive parfois dans un jardin bordé d'ormeaux

qu'on soit environné de milliers d'abeilles, un essaim qui vient d'éclater et puis soudain tout s'agglomère, se ramasse en vombrissant.
Pendant trois années, j'ai guetté peureusement l'essaim.

Il n'y a en France ni Goya, ni Füssli, ni Gaspar Friedrich, ni Turner, ni Klimt, ni Klee
mais il n'y aura pas en Europe d'autre Girodet, Corot, Daumier, Monet, Degas.

Pour s'expliquer : trois aspects emmêlés
1. Un instrument moderne élaboré avec un appareil complexe et articulé à fond.
2. Une thèse historique formant défi :
l'espace (qu'on aménage et sur lequel tout a lieu) et les formes (dont on est enveloppé) n'apparaissent pas dans les histoires, même « globales ».

Tout est faussé sans cette composante, à commencer par l'illusoire effort pour les « déduire » d'un total où ils sont déjà.
3. Un règlement de compte personnel après plus d'un demi-siècle passé à interroger, à voir, à traverser les conflits des notables ignorants et des esthètes maladroits, laisser une trace de ce qu'on a compris, on a aimé, on a préféré.

Car ce monde — si on le laisse se constituer dans l'esprit à partir de toutes ces expériences — est apte à l'intelligibilité.

L'art français est central dans la mesure même où il fait son profil de tous les autres.

L'art français s'accomplit au zénith dans un glorieux silence — dont la littérature ignore presque tout.

La coulée de l'histoire ne se confond pas avec la

succession des styles. Soit. Mais alors de quoi est-elle faite ? Le plaisir de dater, clef de l'avancée utile : vous êtes de la même année, mon bel Oudry et mon beau Chardin. Et quelle différence !

Mystère de la fabrication qu'on oublie, qu'il faut oublier, l'œuvre faite. Cela a été dit mille fois mais dites-moi donc pourquoi à notre époque, c'est lui qui retient toute l'attention aux dépens de l'œuvre, traitée avec désinvolture, ou dédain, ou encore absence ?

L'un des plus beaux textes qui ait embrassé l'ensemble de l'art français dans une définition est l'introduction d'Henri Focillon à l'exposition des Chefs-d'œuvre de l'art français en 1937. On y trouve l'hyperbole d'une définition idéale ; déjà « l'orfèvrerie filigranée des cimetières de l'Aisne » et les bijoux mérovingiens annoncent ce qui, bien des générations plus tard, se déploiera dans l'art roman à l'intérieur d'une architecture de pierre, les complexités de la miniature préparent les subtilités de la peinture après deux, trois siècles..., où une même force semble active. Une continuité est affirmée, que nous ne devons pas refuser de concevoir, mais sur laquelle il faut s'interroger. Cet équilibre toujours cherché, souvent trouvé, puis perdu, entre le goût des constructeurs et les charmes de l'apparence, c'est ce qui « nous » a faits, écrivait notre maître, exploitant savamment l'accès immédiat dont, né et élevé dans ce pays, on bénéficie vis-à-vis de ces ouvrages du passé. Dans l'optimisme d'un humanisme victorieux, la diversité et les contradictions d'un millénaire d'histoire, tout y prend place.

Le discours synthétique n'est pas seulement le plus périlleux de tous, parce qu'il simplifie outrageusement ; il se prête à la suspicion, parce que son appui, sa pointe est située quelque part dans notre temps ; le foyer de la perspective est contemporain, dans une passion qui stimule l'effort de l'intelligence historique et cette passion n'est pas si facile à expliciter.

I. Le physique : un pays, un paysage

Un espace privilégié

La France, il faut la voir du haut du ciel pour qu'elle se dessine. Ce morceau de planète est situé comme par vocation à l'occident de l'Europe, comme pour fermer la composition. Quatre barrières nettes : la Manche, le Rhin, les Pyrénées, les Alpes sont autant de seuils et de ponts.

La notion même d'hexagone — relativement récente — exprime cette nature abstraite, paradoxalement réussie, qui convient à une entité historique bien affirmée. Elle procède d'une vision aérienne — avion ou satellite — qui ramasse en un tout (apparemment) cohérent une extrême diversité.

Michelet a cru devoir procéder à un tour de France, province par province, qui reste admirable et toujours vrai ; mais, aujourd'hui, nous saisissons d'emblée un gros massif strié de longs fleuves, déployés entre mers et montagnes.

Il ne faut pas longtemps pour s'apercevoir à quel point le sol du territoire français, qui est composite, est surtout composé.

On a pu parler de l'« isthme français », c'est-à-dire d'un lieu terminal où viennent s'accommoder tôt ou tard les trouvailles de l'ensemble européen avec des mises en relation rendues fatales par les voisinages dans un espace facile à parcourir.

Sur la *région* avant 89, cf. M. Ozouf dans *L'École de la France*.

Sieyès avait proposé quatre-vingts carrés de même superficie.

Mirabeau n'était pas d'accord : former un département « du démembrement de plusieurs provinces. On trancherait ainsi tous les liens qui resserrent depuis si longtemps les habitudes, les productions et le langage. »

La Gaule cisalpine (Italie du Nord) se prolonge avec la province transalpine, après la conquête de 120 av. J.-C. : le terme de *Gallis* — Gaulois — associé (peut-être étymologiquement) à gallus-le coq, est maintenant courant. Après César et l'organisation administrative d'Auguste, le terme de *Gallia* est employé pour l'ensemble du pays, à côté du terme de plus en plus rare de Celtes (cf. P.-M. Duval).

À l'ouest du Rhin, le tracé des diocèses épiscopaux fixé dès le IVe est resté inchangé jusqu'à la Révolution française.

Dans l'ouverture de *Béatrice* (achevé en 1884), Balzac contemple l'immense bouleversement provoqué par la production industrielle dans l'activité des arts ; puis, avec sa prodigieuse clairvoyance de la réalité provinciale, proposait une démarche utile : « [On] pourrait retrouver une image du siècle de Louis XV dans quelque village de Provence, celle du siècle de Louis XIV au fond du Poitou, celle de siècles encore plus anciens au fond de la Bretagne. » On pourrait apporter quelques précisions de plus ; au voyageur averti de la suppléer. Mais c'est l'idée qui importe : elle nous fait une loi de rechercher ces fragments, ces îlots, qui constituent en fait des morceaux naturellement préservés, les témoins de ce que nous cherchons.

Un vers célèbre de la *Chanson de Roland*, sur lequel il est difficile de se méprendre inaugure quelque chose qui ressemble à l'amour patriotique :
« Returnent Francs en France douce terre. »

On est très tôt conscient de la place du château dans le paysage. Il y a continuité, du calendrier du duc de Berry qui relie les édifices seigneuriaux à la vie des champs (vers 1415) à la tenture des *Maisons royales*, appelée aussi des *Mois*, puisqu'elle associe les occupations de Louis XIV à la physionomie de la nature et aux édifices.

Il y eut aussi des « pourtraicts » de châteaux dans la demeure même ou ses dépendances : vers 1500, au château du Moulin, dans la chapelle seigneuriale de l'église à Lassay, derrière un grand *Saint Christophe* peint à fresque, et à Dissay (Vienne) en marge d'une peinture murale de David.

L'une des questions à laquelle il faut tenter de répondre est celle-ci : dans quelle mesure peut-on parler d'art français, quand il n'y a ni nation, ni État, ni unité quelconque, seulement une forme instable de pays. Cela signifie qu'il faut déceler et restituer des affinités simples — dues à des *expériences* communes —, des relations de voisinage ou de dépendance proche — ce que nous appellerons le *maillage* — la soumission à des éléments prestigieux — le flux des modèles —, dont le total formé petit à petit expose une commune appartenance à un même ensemble artistique et culturel. Exactement comme pour la langue.

On l'a clairement établi, il ne faut pas faire fond sur l'idée des « frontières naturelles » — notion polémique, épisodique et tardive — et moins encore sur l'image toute récente de l'hexagone, — contrepartie de l'Empire défunt[1], quand on cherche à embrasser la réalité française.

L'apparition de la carte, où l'on peut se situer au point précis d'un ensemble saisissable, est tardive (XVIe), mais justement à un moment de (relative) prise de conscience nationale, dont les conséquences pour l'activité artistique ne sont pas négligeables.

La formation d'un « espace français », avec des moyens de circulation propres, des fables et des cultes communs, n'est pas directement issue des faits politiques qui le conditionnent sans le commander — le « royaume Plantagenêt » le démontre par l'absurde —, ni des faits économiques — dont le réseau, dans la mesure où on peut le saisir à chaque époque, joue à la fois dans le sens de la communication et de l'insularité des provinces. Même observation pour la religion : les voies de pèlerinages tracent des obliques à travers le territoire, les ordres réguliers le sillonnent, avec de fortes fixations régionales.

Les formes de l'art dans tout cela ?

Une économie paysanne soutenant et favorisant les terroirs qui ne s'ouvrent jamais que partiellement et l'espèce de dynamo-politique du roi qui concentre

1. F. Weber, « L'hexagone », dans *La Nation*, éd. P. Nora, 1986, vol. II.

une énergie et transforme en pouvoir d'expansion les ressources énormes de la fiscalité.

La France est pour nous une unité politique et géographique, et il devient normal de considérer le pays comme une identité préétablie.

C'est un tout qui s'est en quelque sorte dévoilé au fur et à mesure des circonstances. Son histoire serait celle d'une épiphanie à épisodes.

Un territoire, un caractère accueillant — la sociopsychologie d'une contradiction.

De position centrale — la géographie d'une diversité.

La France ne pivote pas dès les origines pré-médiévales autour de l'Île-de-France. Tout au long du Moyen Âge, elle connaît une tension constante entre les provinces de l'Ouest, le noyau central et les provinces de l'Est, la zone de langue d'oc, celle-ci en communication constante avec le monde plus ou moins solidaire de la mer Tyrrhénienne, les régions Champagne-Lorraine avec le grand domaine post-carolingien du Rhin, la bande occidentale enfin, reliée économiquement, politiquement, et par la culture, avec l'Angleterre des Plantagenêt.

Le paysage
plus complètement ressenti par les écrivains
Chateaubriand, Giono
que par les peintres Guillaumin
sauf les deux zones (inventées) Normandie et
Bretagne
Provence
— la littérature ne dit pas tout
L'histoire de l'art débusque les oiseaux et les rats.

Plus encore que les vicissitudes de l'histoire que l'on

est bien obligé de rythmer par l'installation de conquérants successifs, plus que la succession des pouvoirs, c'est la diversité du régional qui s'impose à l'attention quand on prétend en embrasser la production artistique.

L'idée qui se forme alors dans l'esprit et qu'on ne devrait pas écarter trop vite, est celle d'une fonction organisatrice partout présente, plus ou moins heureusement et complètement réalisée, mais poursuivant d'instinct une tâche d'aménagement concret en couronnant les sites, en désignant les passages, en complétant les vides, en donnant aux parties fortes le poids de belles structures. Bref, un travail continu d'enchaînement, d'ennoblissement et de mise en état, comparable à ce qui se passe en Italie ou en Espagne au même moment, mais en fonction d'une nature plus tendre et plus variée.

Dans le silence des millénaires, la fin des grandes glaciations avaient rendues attirantes les vallées et les plaines de ce qui allait devenir la Gaule. De longs fleuves navigables tracent des itinéraires est-ouest au sud du Massif central, et à travers les plaines crayeuses du nord avec la Seine et son réseau ; la circulation du sud au nord est permise avec les nombreuses rivières qui descendent du Massif central, riches en poissons, parfois, sur les bords, en minerais. Dans les informations qui pouvaient circuler parmi les peuplades nomades venant des toundras, les régions tièdes de l'Ouest devaient faire figure d'un Eldorado, avec leur faune abondante, sauvage dans les grandes forêts du Centre et de l'Est, les troupeaux de chevaux dans leurs sites remarquables. En tout cas, c'est par là que refluaient, dans les plaines cultivées au temps de la révolution néolithique, les envahisseurs.

D'abord les Celtes. Vers le milieu de l'âge du bronze (1500 av. J.-C.), des sépultures en tumulus, des objets en métal indiquent au bord de l'Île-de-France, en Charente, des peuplements ou des passages de tribus celtes. Ce sont les nécropoles qui livrent les vestiges faciles à grouper en séries. Avant les fouilles modernes, les labours ou des tranchées de construction suffisaient à en faire apparaître.

Les conditions favorables de la nature ont permis l'apparition d'une forte population essentiellement paysanne en quelques millénaires. Les chiffres surprennent, mais l'archéologie préhistorique a recueilli trop de vestiges sur le territoire pour qu'on puisse douter du chiffre extraordinaire de trois à quatre millions d'êtres humains à l'âge du métal (chalcolithique), le double à l'ère chrétienne. Ainsi, la fin du chalcolithique a marqué le début d'une expansion démographique ; il y avait dans ces régions une épaisseur telle de vivants que les innombrables envahisseurs du pré-Moyen Âge sont venus s'y perdre en même temps qu'ils s'y imposaient. Mais une question aussitôt se pose, qu'on se contentera d'évoquer dans un bref aperçu des origines, cette densité d'occupation allait sans aucun doute aux terres fertiles du Midi, aux bordures des forêts septentrionales ; mais sous un climat boréal qui favorise le développement des arbres à feuilles caduques, l'Europe se peuple peut-être en privilégiant déjà des zones favorables, des « pays » au sens de Vidal de La Blache. Des sites ont commencé à être définis, recherchés, habités : une sorte de continuité purement physique doit être à l'origine de certains modes d'activité.

Bref, le point de départ du terroir.

(Cf. *Histoire de la population française*, sous la direction de J. Dupâquier, 1987-1988, 4 vol.)

On a parfois observé qu'à chaque phase de la préhistoire où apparaissent de nouveaux moyens d'équipement : le fer, le cuivre, le bronze à côté du bois — matière première de ces régions — correspondait le recours à des modes de communications complémentaires : la circulation fluviale, l'attelage...

Ce qui étonne moins dès lors, c'est la capacité de récupération des populations de ces pays, après les dures années du milieu du IXe au milieu du Xe, puis après l'épidémie de la mort noire au milieu du XIVe.

Le chiffre élevé de vingt millions d'habitants au sommet du Moyen Âge se retrouve au XVIe. Seulement, ces statistiques — si suggestives soient-elles — ne doivent pas induire en erreur. Au cours de ces siècles, on parle d'une France en train de se faire, non d'une nation, et moins encore d'un État constitué. Avec pour conséquence que la notion d'art français n'a pratiquement aucun sens pour les siècles du pré-Moyen Âge, et qu'il est à la charge de l'historien d'en justifier l'emploi jusqu'au moment — à établir — où le terme ne fait plus problème. C'est ce qu'on essaiera de faire.

Mais, tout anachronisme mis à part, il faut souligner la force, ou, si l'on veut, une certaine fatalité de la continuité. À partir du moment où l'on constate l'étalement sur ce sol pré-hexagonal des foyers néolithiques, déjà dotés d'un certain répertoire décoratif, aucun des motifs d'ornement que l'on peut dénombrer : spirales, rouelles, ondulations... ne disparaîtra pratiquement des décors attestés sur les objets utilitaires, les armes... Certains éléments se retrouveront dans l'art le plus banal, par une transmission simple qui ne semble pas dépendre des composantes ethniques.

Les refuges pour réfractaires : Cévennes, Périgord, Dauphiné et les terroirs pour solitaires.

Le Moyen Âge, ce n'est pas la cathédrale, mais ces conglomérats de formes accrochées les unes aux autres, portées les unes par les autres, des enchaînements de structures irrégulières.

L'archéologie tente de redéployer selon les étapes, les reprises, les démolitions, les adjonctions successives, les configurations écrasées.

C'est un peu ce que tente ce livre au sujet d'une aire dense et sensible dont on voudrait essayer de redistribuer (ou de montrer comment peuvent se redistribuer) l'entassement dans la durée.

Les chapelets monumentaux de vallée, baguette décorative enfilée de gros grains : le Loir, la Dordogne, la Loire.

La haute vallée de la Loire à travers le Forez : Saint-Rambert, pont sur le fleuve, église romane
Sury, Montbrison...

Montrond, détruit par un incendie en 1793 ; donjon, cinq tours. Maréchal d'Albon. Fouilles 1969 (inventaire judiciaire 1575 : 265 tapisseries, 26 lits à l'impériale).

Saint-Félix-de-Lauragais ; clocher de grès jaune XIVe, au dessus de Revel et Castelnaudary. Avec une couronne de villages médiévaux.

Un grand épisode : la France féodale organisée en terroirs juxtaposés, en dehors de toute administration centralisée.

On y dénombre un millier de « châteaux ».

Le paysage monumental de la France de l'an Mil. Des zones denses peuplées et baties.

Retard en Provence sur l'adoption du droit féodal

— au contraire du Dauphiné qui connait dès le XIIe fief et hommage. (Cf. X. Barral i Altet dir., Paris, A. et J. Picard, 1981)

L'âme étonnée se rappelle avec plaisir les merveilles des romans, où, après avoir passé par des rochers et des pays arides, on se trouve dans un lieu fait pour les fées.

La géographie de la France est commandée par la nature, par l'aménagement humain et par ces points de repère...

Il en résulte que le paysage, même semé d'établissements modernes en tous genres qui l'encombrent et l'altèrent de toute leur force, reste doté d'une dimension *historique.* Plus ou moins perceptible selon les cas.

Les sanctuaires marquent les sites, font les sites. Celui du Mont-Saint-Michel couronne et affine en pointant vers le ciel son îlot menacé par le sable. À Rocamadour, l'aménagement de la falaise et l'accrochage de l'église au-dessus de la vallée, provoquent une sorte de stupeur chez le touriste comme chez le pèlerin. La carte des « Merveilles », prises dans une montagne sèche comme Conques, exaltant la vaste plaine par leur verticalité comme Notre-Dame de Chartres, ou donnant une force inattendue, irrésistible, à un plateau aride, comme Notre-Dame de Laon.

Nord-Sud : la réalité provinciale

Les machicoulis bretons comme au logis neuf de Suscinio avec une suite d'assises en recul de formes prismatiques.

Les machicoulis provençaux recourent à de longues consoles, ainsi à Fontvieille, Montmajour.

À la fin du XIIIe et au début du XIVe, les nobles du nord de la France ont fait un succès aux *Faits des Romains*. (Cf. B. Guenée, *Histoire et culture historique dans l'Occident médiéval*, Paris, Aubier, 1980)

La France méridionale ne s'y intéresse pas, mais l'Italie et, un moment, les Angevins de Naples.

En novembre 1622, Louis XIII fit une entrée solennelle à Aix : un des arcs, inspiré par le neveu de Nostradamus, célébrait les troubadours. On les retrouve en 1702, dans une « cour d'amour » présentée aux jeunes princes Bourgogne et Berry, toujours à Aix.

Un élément a valeur discriminatoire : l'arc-boutant. Il n'intéresse presque pas les constructeurs de l'Ouest et du Midi. Ceux-ci ne sont guère soucieux d'articuler et de moduler les volumes extérieurs des édifices ; leur grande préoccupation est l'unité de l'espace intérieur.

« Si l'observateur part du nord-ouest de la France, qu'il se dirige vers la Loire, le Poitou, le Languedoc et la Provence, que de ce point extrême il remonte vers le nord, en passant par l'Auvergne et la Bourgogne, il sera frappé de la diversité des styles dans ces différentes contrées à des époques identiques[1]. » Des traits communs sans doute, mais dans le détail, des motifs et des combinaisons habituels ici, rares ailleurs...

La « climatologie » de la culture ou l'explication des différences de développement par les climats est ancienne en France. Elle remonte d'ailleurs à la tradition antique de la « physiognomonie » qui classait les traits du visage en fonction de l'exposition au soleil ou au froid.

Les marbres des Pyrénées, le calcaire tendre de l'Oise, le grès des Vosges, la brique du Languedoc, les laves d'Auvergne sont les acteurs silencieux de ce livre.

Les enquêtes sur les prénoms, les surnoms et les sobriquets comme celle qui a été menée sur les Léonard en Limousin, indiquent bien la valeur d'identification des prénoms usuels et l'effritement de leur emploi, sous l'effet des modes parisiennes, urbaines...en faveur de choix suggérés par des modes passagères. (Cf. *Léonard, Marie, Jean et les autres. Les prénoms en Limousin depuis un millénaire*, par L. Perouas *et al.*, Paris, 1984)

1. Arcisse de Caumont, *Cours d'antiquités monumentales*, 4e partie, rééd., Paris, 1841, p. 251.

On peut retenir beaucoup des toponymes et plus précisément des « hagiotoponymes », dont la répartition à travers les pays est assez révélatrice : dans la France du Nord, où l'habitat est resté concentré, les toponymes anciens ont subsisté ; quelques-uns d'entre eux rappellent le souvenir d'un saint personnage, mais quelques-uns seulement. Dans les régions méridionales, la dispersion de l'habitat a amené des dénominations relativement tardives, où prédominent les noms de saints, souvent associés à des demeures nobles, qu'un sanctuaire précède, accompagne ou suit, selon les cas. Particularité intéressante à retenir. (Cf. E. Le Roy-Ladurie et A. Zysberg, *Annales E.S.C.*, 1983).

La rareté relative des hagiotoponymes au nord tiendrait à l'ancienneté d'un type d'habitat de groupe.

Plus abondant au sud où l'habitat étant plus dispersé, il y a eu davantage de fondations nouvelles après l'an mil, entraînant des nominations nouvelles.

Les variables sont de plusieurs ordres : les « vestiges » de tous ordres qui tendent à fixer les lieux-repères, les vagues de dévotion à tel ou tel saint aux vertus.

Les défrichements entraînant nouvelles implantations et création de paroisses qui auront à recevoir une « nomination ».

Ainsi en Limousin, saint Martin et saint Hilaire du Ve au VIIe ; saint Médard et saint Pardoux aux VIIIe et IXe s.

Dans tous les pays, il y a une délimitation géographique du Nord et du Sud, qui se traduit par une polarité humaine.

Gauguin rencontre Cézanne.

« Un homme du Midi [qui] passe des journées en haut de la montagne à lire Virgile et à regarder le ciel. »

Lettre à Schuffenecker, 14 janvier 1855.

La *pars occidentalis* découpée à l'ouest par la ligne des fleuves : Escaut-Meuse, Saône-Rhône, décide de l'avenir.

Elle associe une zone septentrionale fortement celtique et une zone méridionale plus complexe.

Les grandes provinces ne couvrent pas tout. Petites régions, petites communes.

Le Nord laborieux et riche, docile au pouvoir
le Midi, plus réticent, tourné vers d'autres objectifs.
(F. Braudel)

Selon des critères très variés : revenu agricole, importance des professions demandant une certaine mobilité, proportion du métayage, et même taille des conscrits au XIXe, on a obtenu des cartes quantifiées qui mettent en évidence les différences des types et des usages entre le Nord et le Midi, et plus précisément Nord-Est et Sud-Ouest, comme pour nous inciter à retrouver sans cesse la dualité Armagnac-Bourguignons. (Cf. X. de Planhol, *Géographie historique de la France*, Paris, Fayard, 1988, p. 160)

Les meilleurs historiens de notre temps nous ont édifiés, s'il en était besoin, sur l'énorme polarité constitutive de notre pays.

Les historiens de l'art et de la culture qui ont tellement exalté la fécondité du monde d'oc à l'âge roman, la vitalité de Toulouse et de Limoges, le contact longuement, sourdement maintenu avec l'antique et les sources méditerranéennes, se sont trouvés ainsi confirmés dans leur description de l'invention laborieuse.

La double ascendance polarisante du Nord et du Midi a subi toutes sortes de corrections, d'amendements, d'inversions mais il n'est pas inutile de la tenir présente à l'esprit.

Elle a engendré des *affinités électives* dans les relations avec les cultures voisines.

On cite toujours — et il faut toujours citer — le passage de Glaber :
« Comme le roi Robert venait de prendre pour femme la reine Constance, venue d'Aquitaine, on vit à la suite de cette princesse affluer en France et en Bourgogne des hommes venus de l'Auvergne et de l'Aquitaine, pleins de légèreté et de vanité, de mœurs aussi bizarres que leurs habits, mettant un luxe effréné dans leurs armes et dans les harnais de leurs montures, les cheveux coupés à mi-hauteur de la tête, la barbe rasée à la manière des histrions, portant des chaussures et des jambières indécentes, dépourvus de toute bonne foi et de tout respect de la pax jurée. » Autrement dit, quelques années avant l'an Mille, la mode méridionale, importée par la fille du comte d'Arles, fit scandale par la recherche des vêtements et le ton gai, léger. Guillaume de Volpiano fit au roi des représentations à ce sujet. (Cf. R. Glaber, III, 9 ; E. Pognon, *L'An Mille*, Paris, 1947, p. 108)

Le choc du Nord devant les « images » de l'Aquitaine, la résistance de la coupole à la voûte.

L'histoire de l'architecture romane ne peut se faire

qu'en reconstituant la rencontre et le dialogue de deux [courants]. De même, la sculpture romane et la naissance du gothique. Les mouvements compensés.

Le *pignon à redent* est un trait nordique, s'il en fut ; on l'appelle aussi « pas de moineau ». En principe, il ne descend pas plus bas que la Picardie. Mais on en trouve un curieux exemple à Tours : maison de Pierre du Puys (fin du XVIe) et même à Bazas. (Cf. P. Héliot, *La Fin de l'architecture gothique* ; Pérouse de Montclos)

Non seulement le phénomène château qualifie du nord au sud, le paysage, mais il est le point de cristallisation des légendes héroïques ou non — comme les dénominations l'indiquent si souvent — avec des références innombrables dans la littérature épique et poétique.
Et une place exceptionnelle dans la peinture ;
féérique
grandiose
lieu des voluptés
ruine

L'horreur républicaine pour tous les aspects de l'Ancien Régime, qui sont liés au système féodal, est le principal ferment de la vie politique en France. Elle a eu d'énormes inconvénients pour la formulation du « patrimoine » national, si lente à apparaître. Elle a surtout créé un obstacle pour l'étude archéologique, qui a privilégié d'emblée les établissements religieux.

Si le château est lié à la domination dans l'espace rural, il est aussi — et, pour nous, surtout — lié au paysage français par son site, sa silhouette, ses abords toujours articulés en fonction des accès, des dépendances, qui étendent au loin son emprise. L'histoire de l'art dans ce pays ne peut pas, ne doit pas être ramenée à une collection de maquettes, coupées de l'espace de nature où s'inscrit la demeure noble. Nous esquissons un effort en ce sens.

Toutefois, comme l'a fort bien marqué J.-P. Babelon dans ses publications exemplaires, le vocabulaire commun risque d'être trompeur. On peut, par commodité, garder le terme générique de *château* pour embrasser tous les produits « aristocratiques » de l'architecture civile, mais en redéfinissant à chaque étape la propriété du terme.

Le château, *castellum*, devenu centre d'une « chatellenie » vers le XIe, est parfois l'héritier d'une villa gallo-romaine, comme le voulait Viollet-le-Duc qu'intéressait la fortification. Mais c'est confondre deux dimensions, deux fonctions de la demeure forte : la relation avec un domaine rural, une exploitation, qui se traduit par la soumission de la paysannerie à un seigneur, et, d'autre part *fortericia*, la tour, le site aménagé aux fins de protection contre les raids des pillards.

Un indice de supériorité sociale et de sujétions des « laboureurs », et, d'autre part, le point défensif.

Intéressante est l'apparition précoce de *bacini* incrustés dans les façades, trait méditerranéen par excellence. (Cf. A. Nicolai et L. Vallauri, « À propos des céramiques ornementales sur les édifices médiévaux du sud de la France », *Archéologie du midi médiéval*, IV [1986])

À la tension Nord/Sud vient se superposer une dissociation Est/Ouest avec l'installation de la dynastie franco-anglaise des Plantagenêts (Henri Plantagenêt épouse Aliénor en 1152).

En attendant Armagnac/Bourguignon...

Pour Stendhal, l'Italie commence à Avignon.

Stendhal. On dirait que le bonheur disparaît avec l'accent. (Cf. H. Dehaye. *Avec Stendhal sur les bords du Rhône*, 1944, p. 76)

« La Normandie est une province d'outre-mer. L'anglais qui y voyage se trouve chez lui » écrivait le voyageur britannique Dibdin dont le *Voyage...* fut publié en français en 1825.

Le monde d'« Oc », en forme de croissant, enveloppe le massif du centre — région de la vigne, du maïs, de la résistance des Huguenots.

La zone du droit écrit, romain, par opposition au droit des coutumes, maintenu au nord et enregistré seulement à la Renaissance.

Le paysage désarticulé par le chemin de fer, par les lignes à haute tension, par les autoroutes.

On en veut un peu aux écrivains français d'avoir si peu célébré leur pays. Ou alors dans le style officiel et traînant des lieux communs que l'on sait. Les notes de voyage de Perrault sont faibles et on attendait autre chose de La Fontaine... La crainte d'on ne sait quel régionalisme semble retenir l'élan. Et, de fait, on a laissé à la littérature dite provinciale le soin de « dire » l'Auvergne et la Bourgogne, par une convention aussi instinctive que celle qui a fixé le registre terne et sérieux des peintures « régionalistes ». Il est évident que l'estime est réservée au haut de gamme, aux scènes de la vie sociale, à l'homme et à son esprit.

Rien de plus précieux que les notations sensibles d'un grand écrivain, traitant le Val de Loire ou le Cantal comme Chateaubriand faisait de la campagne romaine : un bien trop riche de sens pour n'être regardé qu'en passant.

La *Planèze* de Salers, avec le gazon luisant, les clarines, qui tintent jusque dans la nuit et ces pentes « où les vaches, la tête levée, se tiennent étagées et immobiles, comme des oiseaux de mer au flanc de la falaise. Burons à demi ensevelis dans l'herbe, petits oratoires bucoliques et païens couverts de lauzes [...] et l'odeur du foin coupé au printemps » (J. Gracq dans *Lettrines 2,* rééd. 1986, p. 15).

« Une relation exquise et sans exemple, parfaite d'urbanité, d'intelligence sensuelle et de bonne compagnie s'est établie ici l'espace de trois ou quatre décades, de Baudelaire à Mallarmé, de Manet à Renoir, entre le meilleur de la poésie et le meilleur de la peinture. »

« Secret directoire » où l'on ne cultive « ni l'isolement sauvage ni la gloire tapageuse ». Mais où « se consomme sans fracas inutile [...] une sécession inflexible et souriante [...] sans rien de la creuse et vaine agitation qui suivra [...]. Une appropriation du monde par une sensualité mesurée, égoïste et raffinée. » (J. Gracq, *op. cit.*, p. 134-135)

« Quand on revient de ces savanes toutes balafrées à la diable de travaux publics expédiés selon les seules exigences de la hâte et de l'économie, la construction française à l'ordonnance, froide et régulière, la matière durable des ponts, des gares, des tranchées, des tunnels, des viaducs, prennent en comparaison quelque chose de romain. » (J. Gracq).

L'Ardenne. « Un vieux pays comme la Bretagne
une forêt où il n'y a pas beaucoup d'animaux
avec de grandes échappées de vues sur la vallée de la Meuse.
Une forêt panoramique. » (J. Gracq)

Les impressions fraîches livrées au voyageur par le petit train d'intérêt local ou l'automobile — encore un peu artisanal — dans *Sodome et Gomorrhe,* II.

À la recherche des continuités

L'accès aux œuvres

Les résultats de l'activité artistique dans ce pays sont immenses, innombrables et dispersés.
Les collections et les musées n'en donnent finalement qu'une idée incomplète.

Comme tout cela n'affleure que de façon épisodique dans la littérature, dans la chronique, le problème se pose de savoir quel était le statut de toutes ces œuvres et de tous ces ouvriers, leur place dans le siècle et l'appréciation qu'on en avait. Contrairement à ce qu'on attendrait, la réponse à cette question si simple n'est pas facile ; les évidences manquent, et, s'il y a des informations fortuites dans les inventaires, les testaments, les contrats, elles sont plutôt décevantes, en ce sens qu'elles renseignent sur les usages et le prix, mais en ramenant tout, meubles, tableaux, tapisseries, à la monotonie du catalogue, sans nous éclairer sur le cas qu'on en faisait ou les sentiments du possesseur.

Bref, l'histoire de notre temps donne une importance certaine [...] et prête une signification remarquable à ces ouvrages.

L'artiste n'existe pas : il n'y a que des ouvriers. Les littérateurs les écrasent et entendent bien les ramener à leur condition inférieure en toute occasion.

On peut donc se le demander : cet immense apport, essentiel pour nous, doit-il finalement être considéré comme marginal, comme une sorte de subconscient de la civilisation.

Nous essayons de reconstituer un déroulement qui n'a jamais été pris en considération que de la manière la plus courte, dans le seul mouvement du récitatif historique.

Les manuels, quand ils apparaissent, visent à codifier, à orienter une situation qui échappe. L'inclination française pour la codification s'y exerce.

Si cette analyse est correcte, il en résulte que dans une enquête aussi vaste et ramifiée que celle-ci, nous devrions dégager un ordre de réalité, sinon oublié, du moins pratiquement négligé.

Une des grandes sources d'intérêt « humain » de l'époque est le fait que nous possédions tant de portraits de ses acteurs. Pour hausser leur rôle et comme pour forcer la notoriété, ils se sont tous offerts au peintre et au graveur, dans des attitudes de convention, selon le costume de rigueur, le visage fin et paré, le regard vif et direct.

L'étude toujours un peu plus serrée du « contexte » — commandes et statuts des gens de métier — a amené à concevoir les relations entre les artistes et les œuvres d'une manière plus contraignante. Les facilités du musée et de l'édition modernes invitent à mettre en rapport en imagination des ouvrages entre lesquels il n'y a jamais eu de contact possible. L'histoire de l'art tend ainsi à prendre un caractère fantastique, prodigieusement excitant.

Mais l'histoire lui enlève la plupart de ses chances en posant une question modeste et perverse à la fois : l'accès à l'œuvre d'art ? Ce qui peut se traduire aussi : que pouvait connaître de l'art un sculpteur roman, un peintre parisien de 1560, un architecte de 1640 ? Longtemps l'église a servi de musée à qui n'avait pas l'occasion de voyager. Les princes de 1400 entassent des manuscrits à peinture prodigieux, qui ne sont qu'inégalement à la disposition des miniaturistes. Les collections qui s'accumulent si vite en France comme en Angleterre après 1600 sont loin d'être aisément accessibles. On comprend dès lors le rôle immense joué par l'estampe et, souvent aussi, par le relevé graphique, la notation rapide. Cette circulation des éléments d'information visuelle est, en fait, aussi essentiel que fugitif. Le phénomène de l'enchaînement simple ou *maillage* est au principe des réseaux de communication les plus anciens, consolidés par les institutions — surtout religieuses — et par le temps. Mais peu à peu interviennent d'autres formes de circulation des styles et la fixation des points forts, ce qu'on peut appeler les *plis* (ou lignes de force) et les *nœuds* (ou foyers constitués). L'ordre bénédictin, avec ses déplacements nombreux de responsables, entretient ainsi des courroies de transmission de l'Italie méridionale à la Bourgogne, à la Normandie ; des ateliers prennent une autorité plus grande, ou, si l'on veut prendre un exemple plus tardif : il y a de Naples à la Provence, de Florence et de Milan aux centres de la Loire, une partie serrée d'échanges en matière de peinture et d'objets de luxe à la fin du XVe et au début du XVIe : ce sont les plis de 1500. Il ne se forme que plus tard un nœud ramassant la situation à son profit et jouant le rôle de diffuseur : Fontainebleau.

Quand les circonstances, l'entrée en jeu de l'estampe, les collections... ont finalement engendré une culture européenne organisée, ces phénomènes sont multipliés et on a l'impression que les fils se croisent en tous sens. Paris devient un énorme réceptacle, mais la circulation n'est pas générale : Velásquez est ignoré en France et l'Espagne se passe des modèles français. Inversement, les contacts et les exemples devenant plus nombreux entre les Italiens et les Français, il se forme une culture commune, où il devient difficile de déceler le lieu et le mode des échanges : il faut plutôt parler d'osmose et penser à des phénomènes de capillarité.

Une des pratiques courantes des collectionneurs-négociants était de « retoucher » ou de « réhausser » par des blancs opportuns les dessins anciens afin de les mettre au goût du jour et de les rendre plus vendables. Rubens « travaillait » ainsi son propre fonds de dessins anciens. (Cf. C. Monbeig Goguel, B.M. NN 88)

Tout art s'exerce à l'intérieur d'un horizon, parfois un cercle de petit rayon, parfois un jeu de références méritant le nom de « musée imaginaire », avec ses choix, et ses cultes, rendus désormais plus intenses par la documentation meilleure et les accès plus faciles. La tendance générale en France est rarement très ouverte.

Les doctrines du XVIIe se sont employées à composer pour le goût français un système de références bien choisi et peu abondant : plis et nœuds favorisant la tendance à la fermeture.

Naturellement ces équilibres et ces sélections étroites sont ébranlés dès 1800.

Les nœuds de doctrine cèdent et les modes font apparaître de nouveaux plis dans le tissu culturel, déclenchés par la découverte de la planète.

On est parfois surpris de voir que des pièces antiques, plus ou moins défigurées, d'ordinaire rebaptisées à l'aide de quelque légende, ont subsisté dans les places et parfois les sanctuaires. Sur une fontaine du XIIIe, à un carrefour de Limoges, était placée une statue équestre d'un empereur dénommé Constantin (elle disparut au XVIIe). La beauté, l'originalité des formes exerçaient une attraction qui, si elle se fondait à l'occasion avec un vague *amor antiquitatis*, n'en atteste pas moins une attention à la qualité physique de l'*opus* ou du vestige.

Un bon exemple d'« appropriation », les statues antiques obtenues par les Valois : l'*Hercule* de marbre de Michel-Ange (ouvrage de 1493 env.), acquis vers 1530 fut monté sur un socle de fontaine (à Fontainebleau).

On a la trace dans les documents de nombreux Bacchus, Neptune... en couronnements de fontaine commandés dans le dernier tiers du siècle à des artistes de la qualité de Pilon, Bontemps, B. Prieur pour de riches demeures. (Cf. L. Chatelet-Lange, « Die Statue "à l'antique" im französischen Garten des 16. H. », *Österreichischen Z. f. Kunst v. Denkemalfflege*, XLI (1987, pp. 97 *sqq.*)

Il y a, en marge, en dehors, parfois en association avec les grands aménagements religieux ou princiers, un goût précoce de ce qu'on peut appeler l'*art-délectation*, c'est-à-dire une application plus restreinte, moins publique, plus intime, des ressources de toutes les techniques.

On pense, naturellement, d'abord à la peinture des manuscrits ou miniature, à l'orfèvrerie et aux techniques précieuses de l'ornement. On imagine aussitôt les cercles fermés des monastères ou de la cour seigneuriale, qui s'en assurent la production et la jouissance. On conclut à une production de luxe, réservée aux bénéficiaires du pouvoir, et qui court en effet à travers les siècles jusqu'aux intérieurs délicieusement aménagés du XVIIIe ou du XIXe.

Cette interprétation immédiate, et apparemment de bon sens, intéresse et irrite notre connaissance des incroyables inégalités qui dominaient la société française, avec toutes sortes de modalités maintes fois décrites et discutées. Mais ce n'est pas, en définitive, la meilleure approche du phénomène artistique français. Le sens aigu de la possession exclusive des « œuvres d'art » est un fait moderne, lié au collectionnisme, dont, il est vrai, les racines sont fort lointaines, et au développement du marché, qui, lui non plus, ne date pas d'hier, mais a envahi démesurément notre conscience culturelle. On doit rappeler qu'il y a sept, huit ou dix siècles, les choses n'allaient pas ainsi. Les biens « artistiques » des Grands, évêques ou princes, étaient communément offerts en spectacle ; il est même permis de penser qu'ils étaient faits pour le spectacle dont la foule pouvait jouir. Mieux encore, l'énorme activité qui, aux âges prémédiévaux, comme à ceux qui vont suivre, fabrique reliquaires, candélabres, coffrets émaillés, statues peintes et dorées... est, certes, destinée à des *trésors*, mais ceux-ci sont conçus en fonction de l'ostentation périodique, rituelle : ils relèvent des « valeurs d'usage », pour employer le terme moderne.

Le cas des manuscrits, enluminés ou non, reste assez mystérieux, et nul ne peut dire dans quelle mesure ils étaient faits pour la circulation ; ils appartenaient en tout cas aux bibliothèques conventuelles, ou aux oratoires seigneuriaux, où les *livres d'heures* vont vite être considérés comme partie des patrimoines et donc faits pour la descendance. On voudrait mieux savoir comment étaient traités, quand et par qui étaient regardés — avant d'être soigneusement inventoriés — des chefs-d'œuvre comme le *Psautier de Saint Louis*, les *Heures de Belleville* de Jean Pucelle, les *Très Riches Heures* de Berry. Le fait qu'ils nous soient parvenus, du moins, prouve qu'ils n'étaient pas enfouis dans des coffres, mais connus, présentés aux gens de mérite, on n'ose dire : exposés.

Ce qui paraît surtout riche d'indications sur la mentalité des « commanditaires », c'est, bien sûr, la pratique générale des dons de retables ou de statues faits aux chapelles et aux églises, non seulement au Moyen Âge mais jusqu'à l'époque moderne. L'ostentation dévotionnelle va de pair avec la démonstration du goût du donateur. On ne compte pas le nombre des œuvres d'art importantes qui ont été mises sous les yeux du public — et non seulement des fidèles — grâce à cette pratique générale de l'offrande pieuse.

Les ouvrages de caractère profane, les statues et les pièces précieuses qui s'accumulaient dans les riches demeures, relèvent d'une préoccupation apparemment plus égoïste et possessive, mais peut-être moins différente qu'on ne penserait de l'attitude des dévôts donateurs. Il faut restituer aux époques « non bourgeoises » de notre civilisation, un besoin, un amour de l'ostentation, qui poussait quiconque avait pris quelque avance, conquis une élévation, à faire parade de ses biens. Les circonstances variaient et l'analyse n'est pas simple. Mais, comme dans les autres nations, la noblesse française exposait avec conviction les marques de sa qualité, qui se trouvaient être des pièces précieuses, des tentures, des bijoux, des œuvres d'art. Il n'était fête, mariage, célébration, où ne parût cet étalage aux yeux des privilégiés, mais souvent aussi aux yeux de tous.

Les productions de Sèvres étaient présentées chaque année en décembre dans la salle à manger du Roi pour être vendues. Louis XIV en fit orner les murs de plaques peintes d'après Oudry (Verlet, *Versailles*, p. 618).

Le président de Brosse est fasciné à la Chartreuse de Villeneuve-lès-Avignon par un trompe-l'œil vénitien : un faux chevalet avec un tableau (de Poussin) et les instruments du peintre.

Dans de nombreux cas, les œuvres des sculpteurs célèbres ont été démarquées. La terre-cuite de Louise Brongniard de Houdon n'a pas été moulée, mais il en existe de nombreuses reproductions surmoulées sur les versions de marbre ou de bronze. Dans la seconde moitié du XIXe, la grande vogue de l'art du XVIIIe a entraîné d'innombrables faux.

Les formes perpétuées par la coutume

Il y a dans le second volume de l'*Histoire de France* de Michelet, une phrase étrange, qui est à méditer : « Le moyen âge nous a laissé de lui un si poignant souvenir que toutes les joies, toutes les grandeurs des âges modernes ne suffiront pas à nous consoler » (vol. II, p. 195). Il s'agit de cette présence au cœur de la pensée française d'un moment de civilisation accomplie dans l'exaltation d'un ordre chrétien (supposé) et d'une ferveur (générale).

L'une des tâches de tout travail historique sur la France et, je pense, avant tout sur son art, est d'éclairer cet attachement à un âge qui a défini — et, en un sens, produit — le paysage artistique du pays, avec des sublimités irrécusables.

Prenons les cimetières de campagne : à côté des simples tertres des pauvres vite recouverts de gazon ou d'orties, il y a des tombes de pierre, parfois en forme de petites chapelles, souvent conformes à des modèles définis par la vogue du « néo-gothique » (ainsi la chapelle funéraire de Cellefrouin, Deux-Sèvres, inspirée des Corps saints de Saint-Denis d'après Viollet-le-Duc), d'autres sans âge précis mais perpétuant d'anciens types. Dans les champs de morts ruraux — de l'Ouest ou du Centre — s'accumulent ainsi, à peine saisissables, toutes sortes de traces, depuis le sarcophage abandonné jusqu'à l'imitation moderne[1].

L'ironie est peut-être une des constantes cherchées. Rien ne se transmet plus facilement que la moquerie, l'insolence rieuse et le goût de la facétie.

Des fabliaux et des drôleries, qui s'accordent avec eux, à Daumier et aux caricaturistes...

Le sens du comique n'est pas toujours ce qui passe le mieux dans l'art figuratif ainsi sa présence précoce dans les productions françaises est une indication à ne pas perdre.

Il n'est pas faux — seulement un peu simplifié — de dire : « On doit se représenter pendant tout le Moyen Âge une France aux trois quarts romaine, comme

1. J.R. Gaborit, dans *La Sauvegarde de l'art français*, 3 (1983) pp.109 *sqq.*

nous vivons encore dans des hôtels de l'Ancien Régime » (Louis Gillet).

Le modèle antique sera plus ou moins proche, plus ou moins défiguré, manipulé, refondu, adapté, tant qu'il reste présent sans distance historique.

S'est inscrit dans le paysage français une sorte de répertoire monumental, fragmenté, ruiné, méconnu, objet légendaire.

Quand l'antique devint objet d'histoire, on entra dans un autre univers : la Renaissance.

Sous la cathédrale de Reims que nous connaissons, il y a des vestiges d'au moins deux autres sanctuaires que des fouilles incomplètes et mal publiées de 1931 n'ont qu'en partie révélés. (Cf. A. Prache, *Bull. Société Nat. des Antiquaires de France*)

Souple et glissant, occupant tous les interstices, comme le mercure, mais résistant comme l'acier aux secousses banales, le système des formes qui enveloppe chaque génération traverse l'événementiel et suscite des liaisons inattendues à travers la durée.

Il ne faut surtout pas ramener l'histoire de l'art français à celle de la peinture. C'est le pli qu'ont pris depuis longtemps les modernes et ils n'en démordront pas volontiers. Mais c'est là seulement l'écho de l'éclatante domination de la peinture française au XIXe.

Ce qui invite à une affirmation un peu forte, c'est le fait qu'après avoir un long moment mené le jeu dans le grand concours européen de la peinture du livre (en gros de 1380 à 1450-1460), les ateliers français ont en quelque sorte perdu la parole pendant trente ou quarante ans, tandis que dans tous les pays, à la suite de l'Italie, la peinture était devenue la grande affaire. Cette distraction assez étrange s'explique finalement par l'attachement ancestral à un métier qui fut le grand art français du XIIIe et du XIVe : le vitrail. Mais les artisans français ont suivi une inclination qui, trente ans plus tard, ne menait plus nulle part. Et il fallut une greffe brillante mais risquée, la venue de l'équipe toscano-émilienne à Fontainebleau, pour replacer la peinture et l'art décoratif français dans la voie européenne. Avec, au surplus, un piétinement — dû aux malheureuses circonstances historiques du pays — qui se prolongea jusque vers 1615-1620, et ne nous permit qu'après tous de réagir aux immenses nouveautés italiennes de 1600.

Un siècle et demi — ou presque — de satisfactions provinciales et d'aimables ou minces maniérismes, c'est beaucoup pour qu'on puisse faire de l'amour de la peinture une sorte de privilège français de toujours. Mais c'est là précisément que le problème national peut s'éclairer.

La reprise en force des années 1630 et suivantes ne coïncide pas par hasard avec une nouvelle affirmation de l'orgueil français un peu dans tous les domaines : et c'est — si on ne veut pas citer Richelieu — de Descartes, Corneille, Gassendi... qu'il s'agit. Le goût de la grande peinture est revenu aux milieux français avec le sentiment de leur supériorité culturelle, dont Colbert et Le Brun surent avec Louis XIV tirer très habilement le parti magistral que l'on sait. Poussin et Claude à part, la France joue un peu les seconds rôles en peinture quand on regarde l'extraordinaire concert européen : Rubens, Rembrandt, Velásquez ; mais avec des figures fortes ou subtiles.

L'extravagante aventure politico-militaire de la Révolution et de l'Empire avait rempli de nouveau jusqu'au bord l'esprit des Français d'un sentiment presque poignant qu'ils doivent accomplir de grandes choses. Et c'est alors — peut-être alors seulement — que la peinture a commencé à occuper dans la sensibilité, dans les mœurs, dans les préoccupations intellectuelles du pays une place privilégiée. Après 1820-1830, la France tend à considérer, et on tend à considérer avec elle, qu'elle a à s'exprimer pleinement dans cet art devenu son art de prédilection.

Ce qui mérite, semble-t-il, d'être signalé à l'entrée d'un ouvrage sur la France, c'est d'une part les légendes, fables et récits folkloriques qui ont existé pour rendre compte d'un passé plus ou moins dérobé et d'autre part les objets qui pouvaient être recueillis au hasard d'un labour ou d'une construction, éveillant la curiosité.

Un certain ordre septentrional et l'apport méridional.

C'est enfin l'impact des découvertes fortuites, puis des recherches systématiques à partir du siècle dernier, créant peu à peu le sentiment que ce sol est riche.

L'importance des sites et des objets indigènes.

Il y a deux formes d'*inconscient* dans nos existences : celui qui affleure dans les légendes offertes à nos crédulités ; celui des « choses » — aménagement des lieux, instruments du quotidien — sur l'origine et le sens desquelles nous ne nous interrogeons à peu près jamais. Mais c'est ce double inconscient qui nous constitue.

Là où il y a construction et ornement, il y a autre chose à observer que l'oppression et le malheur dont il est bien vrai que chaque époque semble faite
autre chose que la rage des puissants à dominer, car pour édifier il faut sacrifier à un impératif

et autre chose que le désespoir des humbles, car les réussites de la forme sont leur gratification.

Vue sous l'angle de l'activité fabricatrice, l'histoire n'est plus tout à fait le cauchemar et le lieu de tous les conflits...

L'art est pour nous la rédemption de la malheureuse condition humaine.

Il ne faut pas être dupes de la chronique, toujours faite pour l'éloge des grands.

Mais en ajoutant à chaque temps la masse d'objets et de vestiges qui lui appartient, on lui découvre une dignité.

Les relations de l'architecture gothique et du vitrail sont un des épisodes les plus révélateurs du jeu « autonome » des formes propres à l'art médiéval. La fenêtre doit donner le jour et en même temps clôturer ; il y a ainsi comme une relation « dialectique » entre la structure qui allège le mur et la verrière qui doit conclure en colorant l'espace intérieur. Les baies plus larges pourraient donner plus de clarté, mais des couleurs plus saturées et « couvrantes » maintiennent une atmosphère un peu sombre, où les rouges — qui retiennent davantage la lumière — interviennent puissamment.

La destruction brutale des vitraux à l'âge des chanoines et leur restauration souvent hasardeuse au dernier siècle ont souvent altéré cette relation puissante et nécessaire dans les « intérieurs » gothiques ; mais un hasard au total assez favorable — étant donnée la fragilité de l'objet — et la vigilance de certains responsables ont permis à ce pays de pouvoir offrir à la délectation des ensembles aussi saisissants que ceux du Mans, de Bourges, de Beauvais et d'Auch.

« Nous voyons dans les anciennes vitres des couleurs

très belles et très vives que l'on n'a plus à présent » écrit Félibien (*Principes de l'architecture*, 1675).

Le décalage habituel d'une ou deux générations, parfois même d'un siècle ou deux entre la production noble — normale — et la production populaire : costume, mobilier, en Bretagne, par exemple.

Les frères Belle

Une allégorie de la Justice intitulée « Temple de Thémis » fut commandée à Clément Belle pour traduction en tapisserie, à la veille des événements. Quand on revint à ces problèmes en 1794, il fut demandé au fils du peintre d'adapter le groupe central (Louvre).

L'Angleterre conserve en les aiguisant les principes contrastés. En France, non. Parce qu'on rassemble toujours, on recueille, on fond, on recuit à feu doux des ingrédients qui pourraient passer pour incompatibles. La grande flambée est rare et répond à une affirmation grandiose, impossible à dépasser. Mais le rythme courant, habituel, commun, est le travail de cuisson lente à feu doux, produisant un objet sage, bien paré, de qualité sûre et convaincante. On l'aime pour des raisons toutes autres que l'éclatant tour de force.

S'il est naïf de parler une fois pour toutes d'un esprit français traversant l'espace et le temps, comment serait-il donc correct de procéder ? Deux procédures possibles sont apparues, en brassant l'immense matériel d'images et de souvenirs, une loi d'*accumulation*, une loi de *réverbération.* Chaque génération ne pense qu'à elle, à son avenir, à ses tâches, à ses projets. On sent les maîtres du gothique emportés par leur élan et peu disposés à regarder en arrière. Mais par un effet de miroitement, une œuvre oubliée devient une référence intéressante, retrouve une actualité — fictive et passagère, certes, mais curieusement éclairante. C'est dans ce jeu des « affinités électives » que l'on saisit une qualité, une complaisance. On *sait* alors de quoi traite l'art français.

Le filtre français au cœur de l'Occident

« Les Français n'ont que de la "littérature", pas de poésie. À cause de leur grossièreté brutale, ils ont besoin de la forme extérieure la plus recherchée. » (Stefan George, avril 1917)

« La France est un vase clos, un aliment complet auquel l'Europe s'intéressa mais que l'Europe n'intéresse pas. » (Paul Morand)

Tout se passe comme si la mentalité française avait dans l'ensemble refoulé dans un subconscient ce que les regards admiratifs — ou défiants — du dehors ont tendance à lui prêter d'essentiel.

Si cette analyse est correcte, l'étude de l'art français s'apparente à une analyse du subconscient national. Nous n'avons pas hésité à en accuser les douceurs, les acuités et les désolantes impertinences.

« Depuis l'exposition qui eut lieu à Londres en 1932, personne, je crois, ne conteste plus à l'art français, l'unité et la continuité. » (P. Jamot, *Petit Discours sur l'art français*, Paris, s.d. [1938])

Cette idée est importante. Elle ne doit pas quitter notre réflexion, mais sous forme d'une question permanente, car la théorie de la « continuité » implique une vision providentielle dont la formation est récente.

Pissarro s'est exclamé un jour combien il lui était facile de définir la tradition française en peinture : « La base de notre art est indiscutablement la tradition française. Nos maîtres sont Clouet, Nicolas Poussin, Claude Lorrain, le XVIIIe avec Chardin et le groupe de 1830 avec Corot. »

Pissarro n'avait pas tort : ce fil d'or eut peut-être convenu à Delacroix — qui ignorait toutefois l'existence de Fouquet —, sinon à Ingres, plus « italien » que ne le recommande cette généalogie. En tout, nombre de modernes ont reconnu cet héritage comme fondamental et il régnait encore il y a un demi-siècle sur beaucoup d'esprits.

Cette sélection au plus haut niveau dit probablement l'essentiel en illustrant un attachement culturel plutôt que populaire. Mais comment ne pas observer qu'il s'agit de l'art le plus sensible et le plus contrôlé qui soit ? En France, on ne retrouve rien d'équivalent à Tintoret, à Rembrandt, à Tiepolo, à Füssli, à Goya, à Turner. Les grands peintres de ce pays se tiennent à bonne distance de l'extravagance et du « visionnaire » ; l'émotion forte n'est pas leur fait. Le lyrisme est toujours un peu bridé. Comme il arrive aussi en musique, où le charme et l'éclat ne manquent pas, mais où n'intervient jamais le don total, irrésistible, des plus grands.

Ce serait moins vrai des sculpteurs. Sans parler des ressources en pathétique et en fantastique des maîtres médiévaux. Germain Pilon, Pigalle, Carpeaux, Rodin jalonnent une lignée qui n'a pas craint le moment poignant, l'attitude saisissante, le geste de la passion, le grain de folie, l'ambition démesurée.

C'est plutôt dans les créations de l'architecture qu'on en trouverait la manifestation ; l'aspiration à quelque chose de « suprême », qu'on ne peut pas ne pas pressentir chez les auteurs de Notre-Dame de Chartres, de Chambord, de Vaux-le-Vicomte, dans les initiatives de Ledoux et, finalement aussi, chez Eiffel, chez Garnier.

Mais alors, pourquoi l'architecture française s'est-elle tellement affaissée au XXe ?

Il est vrai que même les constructeurs les plus audacieux, les moins raisonnables, se flattaient toujours d'être plus logiques, rigoureux, calculateurs que les autres. On n'avoue pas l'exaltation, l'excentricité, le romanesque. L'abandon passionné n'est pas de mise. Ce qu'on ne trouvera jamais — ou presque — dans l'art français, c'est la mélancolie poignante, la rumination déchirante, l'exubérance débridée, que nous découvrons avec une surprise admirative chez les voisins espagnols, britanniques, allemands. Les troubles de l'émotion sont toujours filtrés à travers l'élégance rêveuse ou la dignité du ton.

L'acclimatation française de gens de lettres est un fait exceptionnel : on peut citer Christine de Pisan. Mais G.B. Marino invité par Marie de Médicis ne fait pas carrière à Paris. La jalousie des littérateurs ne le lui aurait pas permis. Il en va tout autrement avec les artistes, gens de métier à qui on fait appel ou qui se proposent quand on a besoin d'étoffer la production locale.

La plus grande mobilité est celle des peintres : Paris, autour de 1400, est le grand centre cosmopolite du « gothique international », et une foule remarquable de miniaturistes flamands entrent par là dans l'art français. Le cas le plus extraordinaire est celui de l'équipe appelée en 1530-1531 à Fontainebleau. Comme tout le monde l'a remarqué, Rosso et le Primatice ont développé en France, avec la faveur royale, un art large et somptueux bien différent de ce qu'ils pratiquaient en Italie et destiné à un succès sans précédent.

Il est difficile de ne pas reconnaître dans cet épisode un phénomène d'« accumulation » réussi, qui met en évidence le pouvoir du « milieu » de la cour de France.

Ce n'est pas sans un certain arbitraire que l'on rattache tels artistes à l'art français, laissant les autres à la Flandre. On peut convenir que les peintres et sculpteurs — si nombreux — qui viennent travailler pour des patrons de la cour de France y trouvent un « climat » auquel ils s'adaptent aussitôt.

La contre-épreuve de cette « francisation » est naturellement l'action qu'ils exercent autour d'eux.

« L'histoire de l'art n'est composée que d'emprunts que les peuples n'ont cessé de se faire l'un à l'autre pour le plus grand bien de chacun. » (L. Dimier, *La Peinture française*, Paris, 1925, p. VII)

Le peuple français, y compris ses dirigeants, ignore d'ordinaire l'image peu flatteuse qu'on a de lui à l'étranger, exception faite de son art.

C'est sir Philip Sydney qui au détour d'un sonnet a appelé la France « That sweet enemy », un monde qu'on envie et déteste à la fois.

La liberté des mœurs
La vivacité de l'esprit
Le libertinage et l'insolence.

En simplifiant beaucoup et en faisant tourner la rose

des orientations autour du pays, on pourrait dire que les liens avec le Rhin et la Germanie ont été fondamentaux au temps carolingien, avec l'Espagne de la reconquête aux XIe et XIIe s., avec l'Angleterre Plantagenêt, au XIIe et pendant toute la genèse du gothique, l'« âge 1200 » nous servant commodément à souligner une tendance à la convergence des modèles antiques et byzantins à travers des relations plus actives avec Byzance (la prise de Constantinople et le pillage de ses trésors par les croisés est de 1204) et avec l'Italie.

Les liens avec l'Espagne ont été constants et dignes d'attention à l'époque carolingienne : les Francs ont créé une marche chrétienne au-delà des Pyrénées, et l'esprit de croisade, propre aux royaumes de Galice, est alimenté par le pèlerinage de Compostelle, pareil à une « voie sacrée » de l'Occident.

Le va-et-vient caractéristique des échanges s'observe dans toutes les directions : la France méridionale exporte le type d'église à pèlerinage à Compostelle mais accueille des motifs mozarabes (arcs polylobés, appareil polychrome) ; de même, il va sans dire, pour l'Italie lombarde, de même vers le Rhin ottonien et pour finir l'Angleterre.

Tout au long de l'âge classique, la mode est aux « galeries », grandes salles d'apparat richement décorées ; les Italiens sont les grands spécialistes, ingénieux et rapides, de ces peintures décoratives. Les peintres français, et tout spécialement La Teulière, directeur de l'Académie de France à Rome (1684-1699) ne cessent d'opposer au « feu » de leurs concurrents la « correction » nécessaire. (Cf. Antoine Schnapper, « Antoine Coypel : la galerie d'Énée au Palais-Royal », *Revue de l'art*, n° 5 (1969), p. 33)

Les Flamands en France en 1600 : Nicolas Bollery, cité par K. van Mander, imite la manière des Bassans ; à Vizille, Lesdiguières fait décorer par Jean d'Hoey (semble-t-il) en 1660 tout un décor historique (détruit en 1825).

Au château de Berny, élevé par F. Mansart (marché en 1629), une importante galerie avec 33 panneaux de scènes historiques du règne d'Henri IV... (Cf. J.J. Wilhelm, *B.S.H.A.F.*, 1985)

On parle toujours un peu vite des échanges et des influences. La croisade ne visait pas à aller chercher des modèles en Orient, mais à imposer ceux de la chrétienté occidentale aux nouvelles principautés, si l'on devait en créer. Et c'est ce qui arriva avec les églises de Chypre et les grandes forteresses des croisés. Bien entendu, travaillant comme toujours avec la main-d'œuvre locale, on utilisa des ressources techniques communes et des éléments décoratifs locaux apparurent.

De même avec les pélérinages. Il naît une sorte de communauté franco-cantabrique de Tours à Compostelle.

« [La France] a été présente dans l'image et le rêve, dans les croyances et dans la foi, avant de l'être dans les faits et dans les choses » (X. de Planhol). Une idée, en somme. Une construction de l'esprit. Mais s'il en a été ainsi, comment ne pas interroger avec prédilection les produits de l'art qui sont toujours situés au point de rencontre de préoccupations locales précises et d'exigences plus générales, relevant du goût, qui, à la longue, façonnent la sensibilité ? L'une des réponses au vaste et difficile problème de l'identité française doit se trouver dans cette direction.

Il a longtemps été d'usage de soumettre l'ensemble de l'activité artistique du XVIIe au couple classique-baroque, en impliquant que la vocation naturelle de la France était de soutenir la première alternative contre l'Italie dominée par la seconde. Une meilleure perception des faits et des œuvres a fait reculer ces simplifications. Il y a une matière commune aux deux formules de style dans la référence à l'antique, présente à travers toute l'époque. Quant à la relation entre la France et l'Italie, qui fut longtemps fondamentale, elle consiste en une culture commune dont l'élaboration critique est précisément l'enjeu du siècle. C'est donc en termes d'échanges, de réactions et de mouvements composés que doit être traitée cette histoire complexe qui, de la domination européenne de Rome dans la première moitié du XVIIe aboutit à celle de Versailles au début du XVIIIe, puis de nouveau à celle de l'Italie — antique cette fois — après 1760.

Cet énoncé général qu'on ne peut guère éviter aujourd'hui, suffit à mettre en évidence le trait majeur et singulier du phénomène français : le rassemblement des énergies culturelles d'un pays sous la direction effective du pouvoir. La première moitié du siècle, après un temps de récupération et d'achèvement de l'acquis de la Renaissance, se déploie dans un mélange remarquable d'anarchie frondeuse et d'aspiration à l'ordre : dans tous les domaines apparaissent de superbes contrastes, mais après l'articulation maîtresse du milieu du siècle, une volonté de cohérence accompagnée de doctrines s'exerce avec un succès qui passe l'imagination.

Ce qui — à travers les siècles — s'est imposé à l'admiration universelle, ce qui a conforté la fierté française et paru réaliser les merveilles du goût, ce n'est pas exactement ce que nous percevons le mieux aujourd'hui. Il n'est pas sûr du tout que cela soit reconnu à sa place dans le temps, à sa hauteur dans la conscience commune, à son prix dans l'héritage universel.

Dans le domaine des arts, la France doit être considérée comme un des membres, parfois privilégié, de l'énorme officine occidentale. Remarquable, certes, en raison de sa continuité, de sa capacité d'assimilation, et de ses fortes initiatives, aux moments favorables, quand tous les regards sont tournés vers les foyers de la mode, avant tout Paris.

Toutes sortes de propositions d'aménagement ont été faites pour presque tous les édifices, les places.

Paris est une ville en partie « imaginée » par chaque génération. Peut-être est-ce là le secret de la séduction qu'elle a exercée.

Les rapports de la France et de l'Italie demandent une attention particulière. Les histoires générales se sont employées à les fausser, en ignorant le contact constamment maintenu au Moyen Âge par le magister romain, les pèlerinages, les ordres religieux ; en se méprenant sur la portée de la « descente en Italie » des derniers Valois ; en oubliant la part de la musique, de la danse et du spectacle ; en négligeant l'espèce d'osmose qui s'établit au terme de la Renaissance, et qui, sur un siècle, un siècle et demi, fait des modèles italiens une référence constante dans une rivalité non dissimulée ; en réduisant à un simple épisode du goût l'excitation archéologique qui suscite le nouveau classicisme franco-italien du demi-siècle à cheval sur 1800.

Les rapports de la France avec l'Italie ne se

conforment guère au schéma traditionnel depuis Voltaire et Michelet qui attribuent aux « descentes en Italie » de Charles VIII et de Louis XII un rôle de révélateur culturel. Les choses se présentent de façon toute différente si l'on tient compte de deux faits bien attestés mais insuffisamment mis en valeur. Dans la chevauchée qui le conduisit jusqu'à Naples (fin 1492) d'où il remonta plus rapidement qu'il n'aurait voulu — moins d'un an plus tard —, Charles VIII n'entraînait pas ses chevaliers à la recherche de la « lumière » de la Renaissance, mais à la conquête de terres nouvelles et de dépouilles intéressantes ; cette avidité sans scrupule fit détester la noblesse française comme brutale et inculte. Dans les bagages du roi qui furent pillés au passage des Apennins, il y avait une masse hétéroclite d'objets précieux ou d'appareils domestiques. La liste des personnalités ramenées à Blois révèle bien les préoccupations pratiques de la cour [...] : des machines à couver aux jardiniers, tout ce qui concerne l'agrément de la vie. Même au temps de Louis XII, seuls quelques princes comme Charles d'Amboise, gouverneur du Milanais, eurent de vrais contacts avec l'art italien. La noblesse française était trop imbue de sa supériorité pour s'intéresser à autre chose qu'à des trésors bons à emporter et à des objets de prestige. La mode des « médailles » décoratives sur les façades était caractéristique de l'ornement distingué, à la fois prétentieux et facile. Mais, même s'il s'agissait du profil de Dante ou de Pétrarque, d'une monnaie agrandie de César ou de Dioclétien, ces médaillons typiques ne constituaient pas nécessairement des manifestations artistiques, seulement l'emploi d'un motif en vogue. Le recours à des éléments décoratifs était d'ailleurs bien antérieur aux expéditions italiennes et les modèles n'en furent pas ramenés dans les bagages de l'armée. Une évolution parallèle tout au long du XVe entre la décoration tardo-gothique et celle de la Lombardie, par exemple : au début du siècle, à travers le déploiement de l'« art international », les mêmes préoccupations d'élégance et de charme aristocratique se font jour dans la miniature milanaise des Visconti que dans les ouvrages peints pour Berry. À la cour de Bourgogne, on connait les peintres de Milan, et les mêmes romans illustrés.

Les intrigues politiques passent par les cités de la péninsule et on parle italien à la cour de France au temps de Louis XI.

La France filtre. Elle reçoit et elle tamise. De tous côtés, elle est pénétrable. Ses ouvriers, sûrs d'eux-mêmes, se servent à droite et à gauche comme si tout leur appartenait de droit. En art, il n'y a jamais lieu d'établir des factures et de s'inquiéter de ses dûs. On va de l'avant, outil en main. Cette démarche est constante dans le pays composite et riche de contraires qu'est la France. Si on la néglige, si on ne saisit pas l'importance de ces appropriations, si on cherche une définition de l'art français en dehors de ces mouvements d'acquisition et de filtrage, on n'arrive qu'à une notion pauvre et plutôt décevante, qui s'épuise vite dans la célébration de la finesse et de la clarté.

L'intéressant du fait français nous paraît tenir à deux choses : une capacité de tamisage et d'absorption sans scrupule et, ce qui est moins contradictoire qu'on ne croirait, la force du vernaculaire.

Le terme d'influences — en usage dans tant d'histoires littéraires et artistiques — est désastreux. Il implique une fatalité d'emprunts. Il y en a bien sûr à chaque siècle. Mais l'important, le spécifique, est l'acte d'appropriation dont on [ne] voit pas de cultures donner l'exemple et révéler la pratique comme celle de ce pays. Son formidable et régulier développement est fait de solidarités ; les relations varient en intensité et la direction des échanges se déplace. Mais du xe ou xie à nos jours, le principe de fonctionnememement se manifeste, lentement et laborieusement d'abord, puis, au moment où une certaine assurance a pris place dans les esprits (au xiie si l'on veut), d'une manière naturelle et tranquille.

Les Français n'ont jamais manifesté une compréhension sérieuse des cultures voisines et même quand ils semblent les découvrir — l'Italie au xvie, l'Angleterre aux xviie-xviiie, l'Allemagne au xixe —, ils se contentent d'extraire du monde étranger la façade intéressante, l'aspect stimulant.

L'amour d'autrui est un moyen d'assurer une prise sur ce qu'il cache ou ce qu'il promet, bref d'obtenir un enrichissement devenu parfois nécessaire.

L'originalité française est dans ce trafic, ce jeu d'opérations apparemment dociles et finalement conquérantes ; elle est liée à une dynamique de l'assimilation et de la transformation adroite du matériau acquis. C'est ce qui explique la séduction qu'on lui voit exercer au cours des âges, et son caractère élusif, voire décevant, au regard des termes de comparaison voisins. Ils paraissent tous dotés de plus de vitalité et pourtant...

Bref, l'originalité française se manifeste — ou, du moins, se manifestait jusqu'à nos jours — dans l'aptitude à recueillir et à dépasser, au point de pouvoir restituer à ses partenaires sous une autre forme, plus légère, plus aimable ou plus noble, ce qu'ils lui ont fourni. C'est une force unique, marquée d'une sorte de désinvolture et facilement associée à un sentiment de supériorité tour à tour insupportable et justifié.

Il s'agit, naturellement, de processus longs et jouant sur des générations. L'art français ne révèle ses propriétés que dans une perspective étendue.

À parcourir à grands traits — malgré ce que cela comporte d'arbitraire — les développements artistiques dont ce pays a été le lieu, on rejoint assez exactement la conclusion de tous ceux qui tentent de former une idée de son histoire. Rien n'a jamais été en repos. Dans les phases de calme apparent, des mouvements déstabilisateurs se préparent ; la rébellion aimable ou le rejet insolent est toujours à l'œuvre quelque part. Ceci implique non une nature complexe, ni même une double ou une triple hérédité, mais plutôt une incapacité à fonder durablement une identité, tout en la recherchant, en l'affirmant sans cesse. Peut-être faut-il dire que c'est dans l'alternance du refus et du retour qu'on se trouve, mais cela signifie une telle force d'illusion frisant l'inconscience, un tel mélange de naïveté associé à la force critique, qu'on hésite à la formuler aussi brutalement. L'instabilité est ma loi, semblent dire ces générations.

La fougue avec laquelle ils se jettent dans les controverses à toutes les époques : cisterciens et clunisiens, partisans du dessin et de la couleur au XVIIe, classiques et romantiques, comme s'ils étaient chargés d'en débattre pour la terre entière. Et l'écho donné à ces discussions publiques invite à croire que c'est un peu vrai. Entre temps, une formidable énergie a été déployée pour produire des ensembles d'une fermeté et d'une ampleur qui retiennent l'attention de tous ; les cathédrales, les châteaux royaux, l'art de cour, les trésors du XVIIIe, les créations de 1900.

Ce rythme qui se répète à travers les siècles révèle-t-il une constante, suffit-il à autoriser le terme de continuité dans les contrastes ? Il nous a semblé que oui.

Il y eut les grandes alternances : sans une vive répudiation, les nouveaux styles ne seraient pas développés dans toute leur force, ou, plus exactement, puisqu'ils comportaient toujours des emprunts massifs au dehors, ils n'auraient pu les assimiler dans une manière « française » si la volonté d'oubli n'avait laissé le champ libre.

Avec le passage du grandiose au simple, au frivole se traduisant en épisodes successifs et d'autant plus clarificateurs : deux dispositions, deux faces, deux inclinations françaises permanentes. Dispositions, inclinations, acquises, bien entendu, par la répétition des attitudes, l'enchaînement des exemples, les superpositions et la séduction des modèles. Il ne s'agit pas ici d'un « caractère a priori », donné une fois pour toutes et réglant le comportement, mais plus simplement de l'interprétation d'un total de manifestations éparpillées dans le temps et, plus simplement peut-être encore, une figure de convention pour embrasser une activité aussi déconcertante que prodigieuse (ou l'inverse).

« Nous sommes plutôt portés vers le raffiné, le hautain, voire l'imaginatif prétentieux, que vers le sincère et le bonhomme. Nos artistes ont toujours visé au lettré et au pompeux. » Ce jugement est celui du premier historien préoccupé de faire connaître *les peintres provinciaux de l'ancienne France* (1847-1862), dont le souvenir s'était perdu. (Ph. de Chennevières, *Essais sur l'histoire de la peinture française*, Paris, 1894, p. 73)

[...] Les deux registres existent, bien entendu, dans tout l'Occident, où les modèles n'ont cessé d'être échangés, mais dans le domaine de l'art monumental — où l'Italie a tant apporté — il y a une élégance et du sérieux associés à la manière française.

Dans le domaine de l'agrément, il semble permis de dire que le goût français est à chaque époque allé aussi loin que possible.

« Sachez bien, mon cher Étienne, que l'on n'aime pas naturellement les arts en France ; c'est un goût factice. Soyez certain, malgré le vif enthousiasme que l'on témoigne ces jours-ci que les chefs-d'œuvre apportés d'Italie ne seront bientôt considérés que comme des richesses curieuses. ». Ces propos sont rapportés par Delecluze dans son livre de souvenirs sur David (1855, p. 209). C'était en 1795. Le grand déménagement des chefs-d'œuvre du Nord et de l'Italie qu'on apportait à Paris, « capitale de la liberté », comme butin de guerre, était commencé. Le Directoire exultait. Un petit groupe d'artistes et d'intellectuels, dont Quatremère de Quincy, le théoricien du « nouveau classicisme », s'élevait avec David contre cette entreprise. Tableaux et statues doivent rester où les a placés le cours des générations. Mais David ajoutait l'argument critique qui doit nous alerter ; il nous a avertis, en somme, de ne pas nous méprendre sur les rapports que les Français entretiennent avec le monde de l'art.

En présentant la mémorable exposition des *Peintres de la réalité en France au* XVIIe (1954), Paul Jamot a avancé une remarque qu'on peut retenir et, dans une bonne mesure, généraliser, au sujet d'une certaine « famille d'esprits » qui habite l'art français et qui n'a pas « d'équivalent chez les autres nations », les peintres qui s'adressent à l'ordre banal des choses, sans charge ni déclamation ; « ce sont des modestes » qui retiennent « sans effort apparent » la vérité « discrète sans doute mais profonde » présente dans le quotidien. *« Ce n'est qu'en France que les lettres ont connu un La Fontaine et la peinture un Le Nain, un Chardin, un Corot. »* Proposition qu'il y aurait mauvaise grâce à ne pas enregistrer, mais que nous nous garderons bien de privilégier comme règle d'or exclusive. Cette qualité « exquise », cette simplicité probe, est la contre-partie consciente d'une tendance à l'emphase oratoire, à jouer le ronflement obstiné d'un « allégorisme » impénitent. Ce contrepoint sera souvent observé. Il établit une solidarité entre les « purs » et les « grandioses », ce qui est historiquement fondé et [a] aidé aussi à comprendre comment, par accident, le membre d'une catégorie peut un jour abonder dans le sens de l'autre.

Il y a un paradoxe au cœur du XVIIe qui jette un jour oblique, légèrement embarrassant sur les mérites des milieux français. Les deux esprits les plus fiers et les plus indépendants du siècle, le « cavalier » Descartes et le sage Poussin, ont accompli leur destinée hors de France : Descartes publie en Hollande le *Discours de la méthode* (1637), craignant non sans raison les censures de la Sorbonne. Poussin après 1624 s'établit à Rome et sauf une parenthèse, due à la pression officielle et le temps de s'apercevoir qu'il n'a décidément pas l'âme courtisane, il y reste, immuable, jusqu'à sa mort. L'agitation et les concours de vanité, propres à la vie parisienne, les critiques superficielles, ne leur conviennent pas. Est-ce à dire qu'il y avait dans la société française des traits incompatibles avec certaines formes extrêmes, lentement méditées, du génie français ? On peut dire, il est vrai, que cette espèce d'exclusion valait surtout pour les intellectuels ; les artistes sont plus attachés à la commande qui les retient à Rome.

Ce que De L'Orme retient de Michel-Ange,
le dessin, les moulures, les niches et consoles, telle fenêtre composée du traité est tirée du troisième étage du palais Farnèse.

C'est à Saint-Maclou, ce temple surprenant de l'« ultra-gothique », que vont précisément apparaître vers 1540 les ouvrages les plus neufs : les colonnes de la tribune des orgues et les portes de style « bellifontain » dues à Jean Goujon.

Comme on l'a observé, le parti nouveau des pilastres superposés pour rythmer la façade, adapter une formule lombarde mais à partir d'un membre de l'architecture gothique.

XVIIe « Les nobles bâtiments devraient être isolés, c'est-à-dire détachés et séparés d'autres de toute part, et avoir issue sur rue de tous leurs côtés, comme ils l'avaient anciennement et l'ont encore en Italie... » (L. Savot, *L'Architecture française des bastiments particuliers,* 1673)

Cette revendication est intéressante par la référence à l'Italie et parce qu'elle exprime bien une singularité parisienne : la continuité des bâtiments, dont on commençait à être las, dont on savait le caractère, tout empirique.

II. L'institutionnel : le trône et l'autel

La généalogie : les naissances

Le dauphin, fils d'Henri IV et de Marie de Médicis — chef de la lignée des Bourbons — naît en septembre 1601 : en janvier 1602, on fait son portrait au crayon ; à sept mois, il est peint par Quesnel, gravé par Mellan, « tiré » en cire, en terre cuite ; à six ans, l'enfant qui s'amuse, on le sait, à dessiner avec Fréminet, pose pour un portrait officiel par Pourbus, avec fraise et pourpoint ; en 1610, une médaille « guerrière ».

Dans le *Discours qui montre la nécessité de rétablir le très ancien et auguste usage public des vrayes et parfaites médailles* (1602), l'auteur Antoine Rascas de Bagarrie, rappelle à Henri IV que ce qui assure à un prince « la gloire et la mémoire » ce sont ses actes héroïques mais aussi et surtout ce qui les perpétue, c'est-à-dire les Sciences et les Arts, dont la formule la plus accomplie sera la médaille.

On ne comprendra pas grand-chose à l'art ancien si l'on néglige par exemple l'extraordinaire fécondité des *lignages* qui assuraient jadis à un niveau souvent élevé la continuité de la vie aristocratique et princière : cette continuité maintient et produit, parfois perd et désorganise. Si l'on condamne a priori le principe de la société hiérarchique — qui fait horreur à notre formation démocratique — on risque de ne pouvoir entrer dans la dynamique. Le point de vue auquel nous nous sommes placés requiert un détachement de nos cadres usuels pour adopter ceux du passé. Ceci est d'autant plus nécessaire que, conformément à la sociologie la plus correcte de notre temps, l'accent est toujours mis sur l'inter-relation entre sujet et seigneur, entre dominateur et dominé, et à leur rôle surprenant mais tenace dans la « société de cour » dont, à tant d'égards, la France des XVIe et XVII^e^s est considérée comme le modèle absolu (N. Elias). On va s'efforcer de montrer que, par sa structure même, par l'effervescence entretenue parmi tous ses membres, la logique du pouvoir entraîné par la politique spectacle autant qu'il la commande, la société de cour — ébauchée sous Henri II, réalisée en paradigme sous Louis XIV — a été le paradis de l'activité artisanale autant que du grand art.

Dans une société dite « traditionnelle » comme fut la nôtre pendant des siècles, tout est généalogique. Fabuleux ou non, le souvenir des ancêtres pèse sur la noblesse, commande son emblématique, prescrit ses devoirs. On a admirablement exposé comment s'est formée la théorie des « trois ordres » avec ses conséquences multiples sur le corps social[1]. La figure du chevalier en équipement militaire est l'une de celles que l'on rencontre à peu près partout dès le Xe, avec les silhouettes de la broderie de Bayeux (qui sont anglaises).

Le chevalier prête sa silhouette habillée de fer aux

1. G. Duby, *Les Trois Ordres ou l'imaginaire du féodalisme*, Paris, Gallimard, 1978.

Vertus dans les Psychomachies romanes ; il est le héros des chroniques illustrées.

Mais quand il met pied à terre, où se trouve-t-il ? Sans heaume ni cotte de mailles, où le situer ? C'est le problème du château.

Le règne des symboles

L'insertion de l'emblème procure un plaisir étrange, la sensation qu'éprouve celui qui, après de longues recherches, arrive finalement à découvrir une belle grappe de raisins sous le feuillage épais.

L'emboîtement des symboles et l'effet de coloration réciproque.

L'entrée du roi peut être traitée comme la bonne nouvelle ou l'Épiphanie ; une relation est parfois rappelée avec l'entrée du Christ à Jérusalem qui est elle-même une préfiguration de l'entrée à la Jérusalem céleste et une confusion inévitable s'établit entre le dais, le cortège et ceux de la Fête-Dieu.

Un des éléments les plus originaux de la fonction religieuse assignée à la dynastie est l'institution des Saintes Chapelles ou chapelles castrales à reliques qui sont des fondations de prestige, sur le modèle du sanctuaire-reliquaire de Paris. Réservées aux princes de sang royal, elles forment deux groupes, l'un autour de Paris : Le Gué de Maulny (1329 ; transfert au Mans, 1369), Le Vivier-en-Brie (1352), Vincennes (1379), chacune avec un chapitre de chanoines chargé de l'entretien des reliques et du culte. L'autre groupe est celui de la branche de Bourbon : Bourbon-l'Archambault (1515), Riom et Bourges par Jean de Berry (1382 et 1405), Chambéry (1408) par Amédée VIII de Savoie, à quoi s'ajoutent Aigueperse (1475) et Champigny-sur-Veude (1498).

La chapelle aux reliques de Saint Louis a joué le même rôle dans la diffusion sélective du type à deux étages que l'octogone de Charlemagne à Aix, en Allemagne rhénane deux siècles plus tôt, mais les deux séries communiquent dans la mesure où la création de Saint Louis ne pouvait ignorer les précédents carolingiens. Il s'agit — on l'a dit plus haut — de fondations de prestige destinées à exalter le rôle de la dynastie capétienne.

Lyon fut pendant un demi-siècle une cité opérationnelle du point de vue militaire, un des foyers de la théosophie et de l'emblématique.

[Lors de l'entrée de François Ier à Lyon,] le spectacle sur la Saône comporte une nef tirée par le « cerf-volant » des Bourbons sous un énorme pavillon à la salamandre. Elle porte le jeune roi et, au creux de la nef, la reine Claude et Renée, sœur du roi.

Huit Vertus juchées sur des colonnes tiennent chacune une des lettres du nom du roi.

L'emblème du Roi Soleil est utilisé pour l'entrée de Charles IX à Toulouse en 1464, et répété à La Rochelle, où l'on célébra :
« Comme un soleil flambant et radieux
Charles neuvième en sa chaire royale ».

On a découvert et exposé depuis longtemps l'extrême importance politique de ces visites du prince et de sa cour, occasion à la fois d'exaltation allégorique du roi et de la ville où on le reçoit. Il nous faut ici souligner leur portée fort diverse et parfois capitale pour l'activité artistique.

Non seulement un répertoire d'images et d'emblèmes mais une certaine manière de penser autoritaire et globale, et le sens d'une primauté.

« La fleur de lys est un symbole d'origine biblique, appliqué au Christ puis à la Vierge, et par transfert figurant une autorité consacrée à partir de Louis VI (1108-1137) sur les monnaies royales [...] la bannière et probablement l'écu de Philippe Auguste ; relié à la légende et au culte de Clovis vers 1330 et "réactivé" sous les derniers Valois autour de 1500. » (Cf. Anne-Marie Lecoq, *La Symbolique de l'État. Les images de la monarchie. Des premiers Valois à Louis XIV ; Lieux de mémoire II, la Nation,* Paris, Gallimard, 1986)

La « porte richement accoutrée en sorte d'arc triomphant » livre en quelque sorte la clef du problème. L'arc de triomphe « à l'antique » va devenir le motif obligé de toute décoration comme on en avait fait l'expérience en Italie. Mais, au point de départ de son utilisation, il y a la symbolique de la porte ; cette structure s'impose au début et aux points notables du parcours ; ainsi, en 1549, un arc de la Force est planté à la porte Saint-Denis, deux autres — les arcs des Argonautes — au pont Notre-Dame.

« C'est dans le courant du XVe que le coq commence à devenir l'emblème de la France » (M. Pastoureau, *Culture et idéologie dans la genèse de l'État moderne*, École française de Rome, 1985, pp. 150-151) ; mais il est imposé par l'étranger par moquerie des prétentions françaises. Et il n'a jamais acquis de validité officielle.

L'association de *gallus* à *Gallia* allait de soi, mais c'est par malice que l'emblème du coq fut attribué aux Français batailleurs et glorieux. Emblème imposé du dehors, abondamment répété dans la caricature : il ne fut adopté et rendu populaire qu'au cours de la Révolution et, par défi, à côté du lion britannique, de l'aigle impérial.

Si familier qu'il soit devenu, il dissimule mal l'appréciation peu flatteuse du caractère national.

À la Renaissance, une figure emblématique avait été essayée avec complaisance, celle d'Hercule, champion de l'éloquence. *Hercules Gallicus.*

On ne l'aime pas beaucoup.

Dans un petit poème de Regnault et Jehanneton (vers 1454), René évoque une *turtur* (tourterelle) sur un *rain* (rameau de groseillier qui appelle son *per* [pair]). Ce sera le point de départ d'une emblématique de Jeanne de Laval, la seconde épouse. On la trouve au revers de la médaille de Laurana (1461) avec le « motto » : *per non per* (couple sans égal). Les tourterelles enchaînées, les baies rouges du groseillier se retrouvent sur un manuscrit, des pièces d'orfèvrerie, des peintures murales ; la passion héraldique touche au délire et annonce la fin d'une ère, tandis que l'emblématique, toute nouvelle, ouvre une issue inédite à l'invention et aux combinaisons de la symbolique et de l'imaginaire, qui se déploie jusqu'au cœur du XVIIe.

Il est typique que tout au long du XIXe gouvernants et artistes aient été à la recherche de la « figure de la République ».

La fabrication du symbole est une obsession française. (Cf. A. Boime, « The Second Republic's Contest for the figure of the Republic », *A.B.*, LIII (1971), pp. 68 *sqq.*, et surtout M. Agulhon, *Marianne au combat*, Paris, Flammarion, 1979)

L'iconographie populaire, réagissant à l'immédiat, est fluctuante et plus diverse qu'on ne croit. Même une figure comme celle de *Marianne*, symbole où la féminité s'allie à l'exigence politique, ne se laisse pas ramener à une ligne aussi simple que le véhicule de l'idéal républicain. La fixation arrive tard, avec le timbre et l'emblématique officielle. Et le symbole se banalise et perd son sel. (Cf. M. Agulhon, *Marianne au combat, op. cit.*)

Dans *Le roi se meurt* de Ionesco (1962), on entend gémir le monarque : « Ah ! qu'on se souvienne de moi [...]. Que l'on perpétue ma mémoire dans tous les manuels d'histoire. Que tout le monde connaisse ma vie par cœur [...]. Qu'on détruise toutes les statues, qu'on mette la mienne sur toutes les places publiques. »

On imagine souvent de façon naïve les relations du souverain « absolu » avec le pays. La monarchie est comme encadrée par des juridictions dont il ne lui est pas facile de se jouer. L'exemple du Louvre est très révélateur de ces limites. Le vieux château de Philippe Auguste, rénové par Charles V, se trouvait à cheval sur l'enceinte ; il devait ouvrir sur la campagne, mais les constructions s'étaient multipliées, tant à l'ouest, où tout un quartier subsista jusqu'au milieu du XIXe, qu'à l'est, vers la ville, où, autour de Saint-Germain-l'Auxerrois, de nombreux hôtels aristocratiques s'étaient agglutinés. La modernisation du palais de la monarchie entraîna toutes sortes de conflits, dont le pouvoir ne put triompher ; le déploiement du Louvre ne fut qu'imparfaitement réalisé, d'où la longue galerie en bordure du fleuve pour rejoindre les Tuileries, et, quand le palais fut doté de la façade de Perrault, tous les projets d'une grande place pour y accéder de la ville, échouèrent. À un Ancien Régime impuissant, le Second Empire apporta les solutions urbanistiques qui ont superposé une nouvelle ville à l'ancienne.

Partout, nous croyons observer un mouvement à deux temps : une vitalité orgueilleuse, une sensualité forte qui font place autant et plus qu'en Italie, par exemple, aux séductions des fleurs, des parfums, des fourrures, des soieries, dont les décors, les tableaux semblent envahis, comme les demeures ; mais au milieu des divertissements, une volonté intrépide de construire, d'organiser, de contrôler, qui se flatte d'obéir aux seules injonctions de la Raison. On peut aligner à ce propos la foule des noms qui révèlent dans le discours culturel français, de Fontenelle à l'abbé Dubos, à Diderot, et chez les plus grands, la recherche du lieu central où les deux principes de l'ordre et du plaisir luttent et travaillent. Philosophie faiblie, allégories riches, et une surprenante sécurité intellectuelle. Bref, la culture française a révisé alors sa mise en système, avec son instrument, son symbole, son martyr même si l'on veut, en Colbert, le grand fonctionnaire que Mazarin légua si astucieusement à Louis, comme s'il pressentait que le roi serait le grand bénéficiaire de l'entreprise. Et, naturellement, les autres besoins, les autres aspirations, après avoir composé un temps, non sans hypocrisie, attendirent un relâchement, un espace de liberté, qui se manifesta fatalement dans ces conditions comme un *libertinage*, par un processus toujours agréable aux

Français. Mais, sincèrement ou non, le règne de la *grande manière* était là.

C'est pourquoi il y a peu d'intérêt à engager une discussion de caractère global : prédominance baroque ou vocation classique dans cet art de l'Ancien Régime, aux temps des Bourbons, qui forme un tout. Question d'éclairage. Jamais on n'a recueilli avec plus d'avidité assimilatrice les modèles, les exemples, les trouvailles de l'Italie et, plus souvent qu'on ne croit, du Nord, mais, comme toujours, pour en restituer les formes à ceux mêmes qui étaient pillés, sous un aspect plus cohérent, plus noble, plus séduisant, si possible, soutenu par un appareil doctrinal large et impérieux. La réponse triomphale des Français au dilemme de l'époque, classique-baroque, fut la *grande manière*.

« Dès qu'elle prend conscience d'elle-même, une nation veut justifier son présent par son passé. En un sens, ce sont les historiens qui créent les nations » a rappelé B. Guenée. Le « récit » occupe toujours l'espace rétrospectif. Ajoutons seulement qu'au commencement était la fable. Le légendaire flottait partout et nous nous efforçons de montrer pourquoi. C'est pour une bonne part qu'il est soutenu, encouragé, parfois suscité par des mouvements, des effigies, des vestiges, des objets... qu'il n'est jamais inutile de restituer.

L'un des traits frappants de l'historiographie en France est sa précocité.

L'auvergnat Grégoire (*ca.* 538-594), qui dut à sa brillante occupation du siège épiscopal de Tours le nom de Grégoire de Tours, écrivit une *Histoire des Francs* qui s'est révélée une mine d'informations intéressantes pour l'archéologie, tant l'histoire politique et l'histoire religieuse sont mêlées aux temps mérovingiens[1].

Naturellement, la littérature de « célébration nationale » a existé partout au XIXe siècle.
Le fait à retenir est que la France en a donné l'exemple beaucoup plus tôt avec plus de force et d'intensité qu'ailleurs.

Le développement des grands portails « historiés » qui exposent tout un programme en « images », à partir de 1130 environ coïncide si exactement avec l'affirmation de la dynastie capétienne : Louis VI, Louis-VII, Philippe Auguste, qu'on peut y apercevoir des allusions à la puissance royale.

Les statues-colonnes de Saint-Denis et de Chartres figurent à coup sûr les ancêtres du Christ ; en les décrivant comme les rois et les reines des trois races : mérovingienne, carolingienne, capétienne, les savants mauristes du XVIIIe ont sans le vouloir encouragé une identification populaire, qui a entraîné en 1792 et 1793 les destructions massives. Mais il est clair aussi qu'en célébrant les grands représentants bibliques du pouvoir royal, ces effigies contribuaient à conférer à celui des rois de France une dignité hors de pair : elles illustraient l'institution monarchique. (Cf. A. Katzenellenbogen, *The Scuptural Programs of Chartres Cathedral : Christ, Mary, Ecclesia*, Baltimore, 1959)

Ce sont Clovis et Clotaire qui sont désignés par dom Plancher dans son *Histoire de Bourgogne* (1781) au portail de Moustiers Saint-Jean.

1. M. Vieillard, *Les Monuments religieux de la Gaule d'après les œuvres de Grégoire de Tours*, Paris, 1976.

« Ce fut en l'année 1476 que parut avec le titre de *Grandes Chroniques* la première Histoire de France publiée par la voie de l'impression. C'était un vieux corps d'annales compilées en français par les religieux de Saint-Denis, et depuis longtemps célèbre sous le nom de *Chroniques de Saint-Denis.* » (Augustin Thierry, « Sur les différentes manières d'écrire l'histoire en usage depuis le xve », *Lettres sur l'histoire de France,* Paris, 1820).

Cette compilation fit date, surtout quand elle eut été adaptée et abrégée dans un volume maniable par Nicolas Gilles, secrétaire de Louis XII, sous le titre d'*Annales et Chroniques de France*, etc. (1492). Cet ouvrage, « dépourvu d'érudition et de talent », n'en a pas moins joui d'une longue popularité : seize éditions jusqu'en 1617. Il représente assez bien ce qu'on n'appellera pas l'état des connaissances historiques, mais la vision globale et fantastique du passé, qui eut cours pendant l'âge de la Renaissance.

Le fonds documentaire national provenait donc pour l'essentiel de l'abbaye royale, chaque règne ajoutant simplement sa chronique. C'est le recueil peut-être le plus complet de l'histoire « fabuleuse » de la France : toutes les légendes, toutes les fictions, toutes les mises en scène des épisodes héroïques, émouvants, terribles, du passé.

Les fugitifs de Troie : Francion, fils d'Hector, fonde la cité de Sicambrie et ces Grecs deviennent des Français... Paris est fondé. Le troisième roi est Mérovée. L'épopée carolingienne s'accomplit.

Vers 1458, Charles VII confia à Jean Fouquet l'illustration de son exemplaire des *Chroniques.*

Toutes les scènes historiques sont situées dans le paysage français : Dagobert devant Montmartre, Philippe Auguste devant Tours, dominée par l'abbatiale Saint-Martin.

Partout l'art dépend du pouvoir mais en France — toujours par comparaison — un effort plus complet, plus radical qu'ailleurs a été accompli en faveur des deux principes du pouvoir.

La chronique le ferait oublier ; le tableau de l'art le rappelle.

La France est aujourd'hui le seul pays au monde où le chef de l'État s'accorde et entend mériter le titre de « protecteur des arts ». Si l'on s'en étonne, la réponse est qu'aux grandes époques — qui, il est vrai, ne connaissaient pas l'état démocratique — il en a toujours été ainsi. Et c'est vrai : les princes du passé ont fréquemment donné leur nom à des styles, comme les présidentes à des nouveaux modèles de roses. Il s'agit donc d'un trait épisodique mais bienvenu, qui distingue cette nation. Il n'en résulte pas que la masse des Français est particulièrement réceptive, beaucoup moins en tout cas que les Italiens ou les Allemands, par exemple, qui vivent d'assez près avec la culture artistique sans que les gouvernements — modernes — se préoccupent de la gérer. Il est singulier qu'en France, il faille faire l'éducation populaire dans un domaine où le peuple a fourni au cours des âges tant d'admirables artisans. Ce n'est pas là le moindre paradoxe de ce pays ; mais ce paradoxe va sans doute de pair avec le rôle que s'arroge l'État. L'art français possède avec les cathédrales et les palais, le vitrail et les statues des places, Fouquet, Chardin et Delacroix, une force de présence, une « évidence » que nul ne peut nier ; mais dès qu'on veut placer cet énorme patrimoine dans des perspectives générales les difficultés, les contradictions et les paradoxes ne cessent plus.

Cette vocation — ou plutôt : cette prétention instinctive — à parler au nom de l'humanité pensante, est reconnue comme un trait majeur de la mentalité française ; elle a son équivalent exact dans les arts.

« Il n'est pas évident que la dynamique de l'Histoire de France — disons depuis la grande croissance des XIe-XIIe — soit de nature économique : l'investissement scolaire, culturel au sens large, et étatique par l'intermédiaire des offices, peut y avoir joué un rôle plus fondamental que l'augmentation du produit national. » (F. Furet, « L'histoire quantitative et la constitution du fait historique », *Annales E.S.C.*, janvier-février, 1971, p. 75)

En octobre 1790, un député proposait de conserver la salle du Jeu de Paume comme « temple du patriotisme » et de demander à David, « ce Français patriote dont le génie a devancé la Révolution », un grand tableau commémoratif du *Serment.* Le peintre composa un grand dessin (Louvre) destiné à la gravure, l'exposa chez lui puis au Salon, en septembre 1791 ; il prévoit « le plus grand tableau jamais exécuté » (5,50 x 9,50 m.), étudie les têtes avec attention et, finalement, les circonstances rendent le projet inopportun. Il ne fut jamais repris.

Incroyable illusion de perspective où entraine la vindicte : « En général ceux qui ont tenu à des Académies sont fort mauvais patriotes et si notre révolution éprouve du retard, c'est à eux principalement à qu'il faut en attribuer la cause. » Il manqua d'humanité envers Richard Mique et Peyre, mais non, semble-t-il, envers Hubert Robert. (Voir dans Hautecœur, *David,* 1904, p. 156)

On s'est demandé avec raison si l'accueil fait à l'idéal

« romain » de David n'avait pas finalement ralenti le mouvement qui se dessinait sur l'histoire contemporaine. C'est sous l'Empire qu'on célébrera des événements publics et militaires sous la pression d'une volonté dominatrice. Jusque là, à l'exception des portraits, on aura presque exclusivement des tableaux allégoriques et des costumes antiques. Ce qui, outre la tyrannie du nouveau classicisme, confirme la tendance théâtrale des représentations révolutionnaires.

La grande monarchie d'Occident

Ce qui fait l'intérêt et — pourquoi ne pas le dire ? — la fascination de l'art français autour de Louis XIV, c'est, à notre sentiment, le mélange intime de sérieux foncier et de romanesque qui interdit de ramener aucune de ces vastes entreprises à une définition simple, et, d'autre part, la qualité professionnelle de l'ouvrage, le « fini » des réalisations, une sorte de perfection indépassable jetée sur des aménagements souvent boiteux et bons à revoir.

L'immense entreprise de Versailles vient nécessairement au centre du tableau. Mobilisation quasi militaire de la main-d'œuvre spécialisée, elle a eu des conséquences considérables pour l'économie, les manufactures, et même la politique du pays. Concentration de plus en plus ample et complexe de toutes les expériences artistiques proches ou anciennes, Versailles récapitulait — de complément en complément — tout l'acquis professionnel et technique des générations.

« Il n'y a rien qui marque davantage la magnificence des grands princes que leurs superbes palais et les meubles précieux dont ils sont ornés. » Cette profession de foi se lit au début du préambule de fondation du garde-meuble en 1663. Cette institution a traversé les siècles, changeant de titre, changeant de lieu : c'est aujourd'hui le *Mobilier national*. Cette doctrine a amené la monarchie française à s'illustrer par ses meubles autant que par ses bâtiments. Tous les historiens s'accordent à penser qu'il n'existait rien au monde, ou, en tout cas, en Occident, de comparable à l'ensemble du mobilier de la Couronne de France. Selon la pratique méticuleuse de l'Ancien Régime, Gédéon Berbier du Metz, responsable du Garde-Meuble, fit tenir un *Journal* de toutes les nouvelles pièces — en leur attribuant un numéro. Les dix-huit volumes se trouvent aux Archives nationales. L'exploitation de ce document exceptionnel est devenue possible quand on a observé que les meubles en question portaient leur numéro d'inventaire : une commode de Riesener à Chantilly put ainsi être identifiée comme celle qui fut placée en 1775 dans la chambre de Louis XVI, et un certain nombre de pièces existant en France ont été peu à peu répertoriées. (Cf. P. Verlet, *Le Mobilier royal français : meubles de la Couronne conservés en France*, I (1945, 1990), II (1955, 1992) ; *French Royal Furniture*, Londres, 1963)

Il y a quelque chose de saisissant — et d'attristant — dans la difficulté qui retient tant d'historiens de tous bords, de comprendre que Versailles est *à la fois* un « discours politique » d'envergure et un trésor d'inventions formelles, que l'accumulation même rend à peu près inépuisable. L'attention portée par toute une école récente aux ruses, aux stratégies, aux manœuvres du pouvoir serait plus efficace et moins naïvement doctrinaire si l'on comprenait une fois pour toutes que le pouvoir royal — quand il engage une partie aussi gigantesque que Versailles — obéit lui-même à une exigence qu'il ne peut contrôler entièrement, puisqu'il y va de sa « gloire », valeur suprême du règne.

Inversement, on a pris l'habitude de ne considérer dans l'architecture profane que les jeux de formes, les agencements, les « effets ».

À Versailles, « les baraques continuent d'être attachées au château comme le peuple à son roi, simples armoires formant boutiques pour les marchands de dentelles, de livres, de fleurs ou de jouets, ou bureau de la loterie installée par Campan. » (P. Verlet)

Le pouvoir est rendu visible à tous — et même curieusement accessible — de telle sorte que ce qui exalte le prince célèbre en même temps l'État qu'il incarne et, confusément, flatte l'ensemble du pays.

Hilarati publicae aperta regia (le palais du roi est ouvert pour l'agrément du public).

Comitas et magnificentia.

(Cf. E. Pommier, *Versailles, l'image du souverain*)

Le désordre et la négligence n'étaient pas moindres à l'endroit où l'on imaginerait le prince isolé et protégé.

Versailles en 1787 : « C'était un amusant spectacle de voir les têtes de voyous qui se promenaient sans être surveillés dans le palais et même dans la chambre à coucher du roi... J'étais la seule personne à me demander avec étonnement comment diable ils pouvaient s'y trouver. » (Arthur Young, *Voyage à travers la France*, 1787)

Les mœurs où se combinent la brutalité, par exemple

les bousculades, la « presse » au cours des fêtes et jusque dans la chambre du roi et une volonté de raffinement ou de préciosité qui tend à imposer un cérémonial et des rites dans les rapports sociaux.

On se promène partout sans surveillance. « Il est impossible de ne pas aimer ce sans-souci, ce laisser-aller, cette absence de suspicion. » (Arthur Young, *op. cit.*)

La France a vécu à fond et avec passion l'institution monarchique. La violence même avec laquelle elle s'est défaite est la preuve *a contrario* de cet attachement. Il y eut trois ou quatre moments où tout parut s'organiser autour du monarque, certainement autour de Louis IX mais d'une manière plus poignante après 1430 autour de Charles VII ; les dix premières années du règne de François Ier sont typiques de l'allégresse générale qui se manifeste un peu partout au moment où la jeunesse, l'ambition, le goût du plaisir donnent un rayonnement spécifique au souverain.

Le pays qui a porté à la perfection le cérémonial monarchique, au point d'en faire le modèle reconnu, et admiré (jusqu'en Chine) et imité partout est aussi celui qui en a sapé intellectuellement les fondements de bonne heure et finalement a laissé toutes ces structures voler en éclats sous les coups de ceux qui n'y participaient pas.

Dans son essai sur la France « double », Henri Focillon a désigné une réalité typiquement française dont on aurait du mal à trouver l'équivalent ailleurs, sauf naturellement chez les disciples royaux du Roi Soleil, comme Louis II de Bavière. Le monarque modèle, comme un artiste, a un milieu social : la cour, un domaine : Versailles, un cérémonial définissant un art de vivre et même un art de penser, un style d'existence.

Le terme d'absolutisme n'est apparu qu'à la Révolution, comme celui de centralisation. Mais la notion de « pouvoir absolu » du monarque a une longue histoire — depuis l'Antiquité ; elle a joué un grand rôle dans la pensée politique en France, au moins en ce sens que ce pouvoir complet, théoriquement légitime, a toujours été recherché mais jamais vraiment obtenu. (Cf. D. Parker, *The Making of French Absolutism*, Londres, 1983)

La monarchie « absolue » est en fait une monarchie bureaucratique conforme aux principes élaborés par Richelieu et Mazarin, dotée d'une publicité idéologique intense, apparemment bien reçue, surtout par les classes supérieures. Mais il en résulte, contrairement à l'interprétation facile et trompeuse, que l'action du roi s'exerce dans un réseau de forces interdépendantes de même que sa personne obéit à l'environnement du cérémonial. (Cf. R. Barney, « Absolutism : what's in a name ? », *French History*, I, n°1 (mars 1987), pp. 93-117 ; N. Elias, *The Court Society*, Londres, 1983)

« Entre les rois de France et leurs sujets, il y a toujours eu plus grande conglutination, lien et conjonction de vraye amour qu'en quelconque autre monarchie chrétienne »[1], lit-on dans un édit de 1523. Cette relation spéciale se traduit par le fait que le roi doit

1. G. Zeller, *Les Institutions de la France au* XVI*e siècle*, Paris, 1987, 2e éd., p. 97.

être « visible » ; à partir de Saint Louis, le lever et le coucher du roi sont en principe accessibles au public.

Il en résulte ainsi qu'en raison de l'essence supérieure de la monarchie, le « roi ne meurt pas ».

« Tout ce qui se passe parmi nous fait croire aux étrangers que le peuple adore son roi ; mais ceux d'entre nous qui pensent, finissent bientôt par voir que ce n'est que du clinquant. » (Casanova, *Mémoires*, 29, p. 640)

Les Français sont républicains d'opinion et monarchiques par les mœurs. (Cf. Chateaubriand)

« En janvier 1564, le roi Charles IX et la reine mère entamaient un voyage qui devait durer plus de deux ans... L'un des buts en était de visiter toutes les frontières du royaume qui jouaient encore au temps de Saint Louis un rôle si effacé ; en trois siècles, les limites du royaume étaient devenues les frontières de la France, imprescriptibles, inviolables et sacrées. » (B. Geremek, 1986)

« Avec l'État moderne naissent deux structures indispensables et complémentaires, celle de la légitimation idéologique et celle de l'opinion. Et il est évident que le fonctionnement de ces deux structures est étroitement dépendant du niveau de développement des outils culturels de la communication » (J.-Ph. Genet, 1985).

Cette évolution se produit en France au cours du XIVe, plus vite et plus fortement que dans les autres contrées de l'Occident en raison même des conflits qui amènent le pouvoir à multiplier les demandes de contribution de ceux qu'il est censé protéger. D'où la nécessité de faire intervenir une coupure au plus tard vers 1400.

On a de même observé un important phénomène de « rétroaction » dû au développement peu à peu autonome des domaines qui, liés directement aux initiatives du pouvoir comme l'Université ou indirectement comme la littérature ou le savoir scientifique, deviennent des composantes sérieuses de la situation, et avec lesquels les autorités doivent compter. C'est là en effet un moment capital, particulièrement visible en France. Il est toutefois très singulier, et pour dire le vrai, grave du point de vue de la méthode, que cette évidence n'ait pas été étendue au domaine où elle est le plus manifeste, le plus spectaculaire, celui de l'activité artistique. Il y a une étrange tendance à la cécité chez les historiens, pour qui les produits de l'art ne sauraient être que l'illustration de l'écrit. (Cf. *Culture et idéologie dans la genèse de l'État moderne*, Table ronde CNRS/École française de Rome, 1984, Paris, De Boccard, 1985)

L'hommage, l'éloge, la flatterie entretiennent nécessairement autour de la personne royale une figure fictive, exaltée, accomplie qui est la projection idéale et complète du personnage réel.

Le souvenir du saint roi [Louis IX] a été entretenu de génération en génération par tous les princes. Tantôt glabre tantôt barbu (surtout après Henri IV), en maître de justice le plus souvent s'adonnant aux œuvres charitables ; au XVIIIe dans le manteau royal, celui du collier de saint Michel (créé au XVe) tenant la couronne d'épines.

La politique impériale
À Strasbourg, peu avant 1200, fut monté un vitrail qui représente un « Saint Roi » en majesté. La figure frontale très hiératique, très ornée, porte le globe et le

sceptre à fleur de lys. Une des raisons de l'identifier avec Charlemagne est la canonisation de 1165.

À Chartres, vitrail de la *Chanson de Roland* dans le transept.

Vitrail de Charlemagne à Saint-Denis, avant 1271. Dessins de Montfaucon. (Cf. R. Folz, « Études sur le culte liturgique de Charlemagne », *Le souvenir et la légende de Charlemagne dans l'Empire germanique médiéval,* 1950 ; rééd. Genève, Slatkine, 1973)

Tout au long de l'histoire médiévale et moderne, la concurrence entre la monarchie de l'Ouest et le Saint Empire, n'a cessé de jouer : le culte de Charlemagne et une sorte de piété carolingienne se manifestent avec Suger ; au temps des guerres d'Italie, les prétentions des rois de France à l'empire suscitent toute une iconographie déclarée ; et le XIXe verra Napoléon déployer en France tout un appareil impérial monumental et symbolique.

Le « perron » du palais de la cité, sur lequel avaient lieu certaines proclamations, certaines humiliations publiques, était une grande dalle de marbre noir, formant un petit édifice auprès des « grands degrés », une pierre de justice immémoriale confirmée par la tradition. Elle disparaît vers 1600. (Cf. R. Grand, « Pierre de justice et de publication », *Bulletin monumental,* CV [1947])

La double instance.
Deux types de malentendus symétriques et opposés existent à propos de l'architecture. S'agissant de l'art religieux, en particulier des cathédrales, on commente si volontiers, si vivement, le caractère « religieux » de ces édifices qu'on oublie souvent d'indiquer à quel point il s'agit de technique au service d'une invention spécifique.

La fille aînée de l'Église

Les légendes formées autour des sanctuaires portent la marque d'un immense et pitoyable besoin d'apaisement et de consolation par le miracle. Il fallait que le ciel fût intervenu autrefois en laissant des traces palpables, par exemple la peau hideuse d'un lépreux, pour qu'on puisse attendre dans la présent douloureux la grâce d'un secours. À partir du XIe, le 24 février est fêté à Saint-Denis comme la date de la consécration de la part du Christ lui-même : la basilique avait été signalée par la guérison d'un lépreux, dont le souvenir a duré jusqu'à la Révolution[1].

Les Mérovingiens, c'est l'implantation épiscopale.
Les Carolingiens, c'est l'entrée en jeu des bénédictins.
Le XIe, c'est la domination quasi générale de Cluny.
Le XIIe, c'est la multiplication des ordres, le XIIIe la grande affirmation épiscopale, le XVIIe, la renaissance des ordres.

La France est une fiction poétique au-dessus d'une mosaïque politique hétéroclite.

1. A. Lombard-Jourdan, « La légende de la consécration par le Christ de la basilique mérovingienne de Saint-Denis et de la guérison du lépreux », *Bulletin monumental*, 143 (1985), p. 237.

Le culte de Saint Louis, XIVe
La sanctification de Clovis, XIVe
se fixent par des images.
(Cf. X. de Planhol, *Géographie historique de la France*, pp. 124-125)

Le clergé concordataire
depuis 1526 nommé par le roi.
1622 Vincent aumônier des galères ;
1611 Oratoire ;
1650 Séminaire S. Sulpice Olier ;
1634 Saint-Cyran — christianisme héroïque tragique
condamnation Jansen 1653.

« La Sainte Chapelle de Paris fut bastie par le Roy Saint Louys d'une architecture admirable telle que nous ne pouvons voir.

J'ai autrefois ouy dire à maistre Jacques Androuet dit du Cerceau, l'un des plus grands architectes qui se soient jamais trouves en la France, qu'entre tous les bastiments faits à la moderne, il n'y en avait point de plus hardy que celuy-là. » (Étienne Pasquier, *Recherches de la France*, éd. 1667, p. 362)

Il y a des saints à imagerie faible, mais combien, au contraire, ont investi la vie populaire, rurale et urbaine, par leurs représentations sans cesse renouvelées, rafraîchies par une dévotion inlassable, de saint Martin à saint Louis.

La sainteté.
La notion de mentalité n'est pas l'instrument d'analyse ; à un premier degré, il y a tout un fonds de représentations élémentaires, lentes à ébranler ; à un autre niveau, où interviennent les débats et les défini-

tions des clercs, une conscience commune, certes, mais dont l'évolution est plus facile à cerner.

Cette évolution, qui intéresse de proche en proche tout le peuple chrétien, est capitale pour l'intelligence des courants qui permettent la Réforme ou, plus exactement, les deux Réformes protestante et catholique. Mais ces phénomènes furent compliqués en France du fait d'un attachement instinctif, profond, naïf certes, de la masse aux images. Il est frappant que les conflits religieux du XVIe aient presque toujours été marqués dans ce pays par des vagues d'iconoclasme et la réaction de défense des « papistes idolâtres ».

Aux XIVe et XVe s. « pour parvenir à la notoriété, la cause d'un saint devait avoir l'aval, sinon le soutien du pouvoir ». Le cas de Charles de Blois tué à la bataille d'Auray en 1364 en est un parfait exemple. Le duc connu — et parfois critiqué — pour sa piété et son attachement aux ordres mendiants, fut très tôt appelé en procès de canonisation, dès 1371, grâce à des actions comme le pèlerinage d'enfants favorisé par les cousins d'Anjou. On notera que Charles avait obtenu du pape à Avignon la canonisation de saint Yves, autre figure bretonne, et que des statues de bois à son effigie circulèrent très tôt. (Cf. A. Vauchez, *La Sainteté en Occident aux derniers siècles du Moyen Âge,* Rome, 1981, 2e éd. 1988, p. 269 *sqq.*)

La bienfaisance des saints est un trait fondamental de la vie — et de la mentalité — médiévale. Comme on l'a fort bien montré, les prodiges bénéfiques que l'on obtenait autrefois par la visite au tombeau, proviennent peu à peu d'une imploration *à distance,* c'est-à-dire de la vénération d'une image et non d'une relique. Au procès de canonisation de 1371, il est rapporté qu'à l'instigation de Charles de Blois, des effigies de saint Yves peintes *ad modium Lombardiae* avaient circulé chez les mendiants. La vénération particulière, voire domestique, va de pair ici avec le recours au modèle « international ». (Cf. A. Vaucirez, p. 528, et A. Dupont, « Pèlerinage et lieux sacrés », *Mélanges F. Braudel*, Paris, 1973, II s, 183-226)

L'un des épisodes les plus remarquables — et, dans l'esprit de l'Ancien Régime, les plus saisissants — de l'union totale entre la Couronne et l'Église fut le Vœu de Louis XIII. La naissance de son fils, le 5 septembre 1638 au château neuf de Saint-Germain fut tenue pour un bienfait particulier du Ciel. « Voici un effet miraculeux de la grâce du Seigneur Dieu, car c'est bien ainsi qu'il faut appeler un si bel enfant après vingt-deux années de mariage et les quatre malheureux avortements de son épouse. » Te Deum solennel à Notre-Dame : cloches. Grand feu place de Grève. Fontaines de vin, allégories populaires sans précédent, a noté le Hollandais Grotius. Horoscope par Campanella. Or, la grossesse — inespérée — de la Reine avait été rendue publique en février, au moment où le roi signait les lettres patentes qui plaçaient le royaume sous la protection de la Vierge Marie (ceci en gratitude pour la soumission des Huguenots). Les deux nouvelles furent associées durablement dans la mentalité populaire, tant sa préoccupation de la lignée était prédominante dans la France d'autrefois. La reine, Anne d'Autriche, était elle-même tenue par le vœu d'édifier une église à la naissance de son fils. En 1645, le petit Louis posa la première pierre de l'église de l'abbaye bénédictine dite du Val de Grâce (transférée à Paris depuis 1621) : sur les plans de François Mansart, l'église la plus « italienne » de Paris, achevée en 1667.

En 1699, à soixante ans passés, le pays se trouvant dans une passe difficile, Louis XIV fut préoccupé de confirmer le vœu paternel. Un projet fut demandé à Mansart pour le chœur de Notre-Dame de Paris. Le plan final, accepté en 1708, fut réalisé par Robert de Cotte en 1714. C'est in extremis, la dernière œuvre du Roi, l'une des plus somptueuses : des arcades fermées par des grilles encadraient un autel avec une *Pietà* de Coustou et, de part et d'autre, agenouillés, les deux rois de marbre : Louis XIII, assez convenu, par Coustou, et Louis XIV offrant sa couronne, morceau sublime du vieux Coysevox qui a prêté du pathétique à cette ultime évocation du monarque.

Noblesse et bourgeoisie

Le plan en quadrilatère avec un côté d'accès abaissé et entouré de douves, est un plan type qui se maintient jusqu'au milieu du XVIIe : le premier Versailles, celui de Louis XIII, petit château de charme fondé en 1623-1624 amplifié *in situ* en 1631-1634, est très exactement fidèle à cette définition. On a pu le caractériser comme « un des plus jolis châteaux de la Renaissance ». Partout où il y a tradition, les époques se chevauchent.

Mieux encore : la piété filiale de Louis XIV et l'agréable souvenir qu'il avait gardé de ses promenades à Versailles avec Mademoiselle de La Vallière, ont fait que le « petit château » de Louis XIII a subsisté dans la transformation de 1661-1669 et est resté au cœur du second Versailles, le grand château entrepris en 1668 ; il a conservé son décor polychromé et a reçu le pavement de marbre qui lui a donné son nom.

On observe les mêmes traits de comportement dans les trois châteaux — ou palais — de la monarchie. Autour d'un noyau vénérable que l'on se fait un devoir de préserver, se déploient graduellement, par additions non prévues au départ et avec des chevauchements qui entraînent certaines démolitions, des bâtiments importants.

Un projet permanent, mais sujet à des arrêts, des hésitations, des reprises en fonction des besoins, des modes, un parti pris solide et finalement assez flexible : il est bien dommage que la monarchie, qui a si bien su s'adapter aux temps nouveaux pour ce qui est des bâtiments, ait été incapable de faire de même dans la question politique et financière.

Clisson fait peindre dans sa chapelle le « pourtrait » de ses châteaux. Comme Sully à Villebon.

Les romantiques ne s'en sont que trop aperçus : ce foisonnement de tourelles, de poivrières, de girouettes... ajoute on ne sait quoi de gai, de vivace, de fier à la demeure noble. Fortifiée, soit, mais avec l'agrément d'une silhouette un peu folle. Architecture typiquement française, au moins de l'« esprit français » à cette époque.

On voit s'y opérer la transposition de ce qu'on observe dans l'art des églises : la prolifération d'aiguilles et de gâbles.

L'extraordinaire continuité du thème du château, sa lente et singulière évolution, externe et interne, offrent une vue exceptionnelle... (Cf. A. Mussat, « Château-miroir, ou la tradition architecturale de la noblesse française », dans le recueil *Noblesse française-noblesse hongroise,* XVIe-XIXe *s*)

Les raisons du choix de ces formes monumentales sont loin d'être claires. En revanche, leur position dans le site, leur découpe sur le ciel, leur valeur de repère à travers l'étendue, bref, leur rôle remarquable dans la construction du paysage français est d'emblée évidente. L'étude archéologique s'impose : elle a permis en un demi-siècle des découvertes d'un intérêt considérable pour la sociologie de la féodalité, à travers l'implantation de « mottes ».

La carte de certaines régions de l'Ouest a révélé un pullulement de châteaux surprenant en Poitou et en Saintonge, mais aucune étude du château n'est complète sans l'analyse du site, l'examen de l'environnement qui a permis la construction et ses conséquences.

Les silhouettes des châteaux, ruines ou réfections modernes, jalonnent les crêtes de certaines vallées comme un pointillé de pierre.

Dans d'autres vallées, ils se répondent, à la suite de vieilles rivalités féodales, et c'est un siècle de conflits et de relations difficiles — ou hypocrites — qui se lit dans cette mise en scène topographique de l'histoire.

La chasse, passion et privilège de la noblesse et des princes dans toutes les sociétés, même orientales, a trouvé dans notre pays un terrain spécialement favorable. D'abord en raison d'abondantes forêts giboyeuses qui, sans remonter aux prouesses de l'humanité préhistorique, faisaient déjà la réputation de la Gaule. On ne peut exagérer l'importance prise par cet exercice, son appareil, ses relations, ses relais dans les mœurs et ses incidences : représentations-standard des seigneurs ; cycles entiers dans les décors de fresque ou de tapisserie : localisation des demeures royales à Fontainebleau, à Saint-Germain-en-Laye, à Versailles, à Rambouillet, toutes issues de pavillons de chasse, et implantation d'innombrables châteaux. La symbolique inévitable, profonde et familière a donné lieu, à l'orée des bonnes forêts, un peu partout à quelques chefs-d'œuvre.

Dans la *Petite Galerie* de Louis XV, établie dans la

partie dite des *Petits Cabinets*, dont le roi se réservait jalousement l'usage, il y eut un décor cynégétique commandé par le roi en 1736 : J. Parrocel, Boucher, Lancret... y évoquaient les chasses exotiques à l'éléphant, à l'autruche (aujourd'hui au musée de Picardie)[1].

« L'aristocratie a trois âges successifs : l'âge des supériorités, l'âge des privilèges, l'âge des vanités ; sortie du premier, elle dégénère dans le second et s'éteint dans le dernier. » (Chateaubriand, *Mémoires d'outre-tombe*, I, livre I, chap. II)

« Le curieux est que l'opinion n'ait pas manqué d'indulgence pour ce déploiement de la mondanité et qu'elle l'ait presque considéré chez les grands comme un devoir d'État. » (E. Faral, *La Vie quotidienne au temps de Saint Louis*, Paris, 1938, p. 33)

« La magnificence est la passion des dupes », écrit Mme de Maintenon à M. d'Aubigné.

« C'est l'orgueil qui est le grand mobile de l'aristocratie », disait Taine. L'orgueil pousse à l'exploit, à l'héroïsme, à l'extravagance, à toutes sortes d'aventures qui répugnent à l'intérêt.

« Après le combat où périt Montcontour en 1547, le duel judiciaire ne fut plus admis mais les ordonnances successives de 1579 contre toute violence, puis de Henri IV en 1602 déclarant le duel illégal, n'empêchèrent pas la mode. » (Cf. F. Billacois, *Le Duel dans la société française des XVI*e *et XVII*e *s. Essai de psychologie historique*, Paris, 1986)

1. F. Hamilton Hazlehorst, *Art Bulletin*, LXVI (1984), 2, pp.224 *sqq.*

La France n'a pas été la seule à connaître la féodalité et la puissance aristocratique de la chevalerie, institution et mode de vie dont on a magnifiquement étudié les conditions et les conséquences. Mais elle en a tiré un parti, en a assimilé les formes et leur a donné des prolongements « culturels », dont il est bien difficile de ne pas saisir la relation étroite, constante avec les formes artistiques, à l'intérieur même du domaine religieux.

Les entreprises, les ambitions, les vicissitudes de ce qu'on appellera pour simplifier la noblesse, sont intimement associées au développement français, non sans admettre des résistances, des déviations, des retraits et des évasions, toujours dignes d'attention. Ceci dit, quand à la suite de l'effort de mise au pas, sinon de domestication accompli par la monarchie, puis à la suite de l'attitude sceptique, négative, ironique, développée par les intellectuels des « Lumières » (le monologue de *Figaro*), la noblesse apparut comme une sorte de coquille sociale vide, une survivance, un luxe inutile ; la mentalité bourgeoise égalitaire, utilitaire devait en annuler les acquis, en refuser les prestiges. À la différence de la Grande-Bretagne ou de l'Italie, qui lui faisaient toujours une place importante dans la hiérarchie sociale, la méfiance et le refus devinrent une sorte de règle démocratique sans concession à partir de la République radicale et de la grande conviction qui s'exprima largement lors du centenaire de la Révolution en 1889, comme si l'érection de la tour Eiffel et l'Exposition universelle marquant l'entrée dans l'ère industrielle, avaient définitivement rendu désuet tout ce qui pouvait encore ressembler à l'Ancien Régime. Et pourtant, tous les observateurs de l'évolution sociale française, ont aperçu un attachement caché, peut-être hypocrite, pour les formes de vie aristocratique et l'association qu'elles invitent toujours à établir avec le sens de la tradition, le goût et la jouissance de l'art. C'est moins sur le terrain politico-économique que sur le plan culturel que se situe un tourment vital de l'esprit français, une relation amour-haine à l'égard de certaines dispositions d'esprit qui ne seront jamais résolus.

Il serait, certes, paradoxal de ne considérer les constructions féodales du Moyen Âge et les demeures aristocratiques de l'Ancien Régime que du point de vue des techniques architecturales, sans tenir compte des besoins de la classe sociale à laquelle elles étaient destinées.

Mais réciproquement, on s'étonne de voir parfois décrire les mœurs de la chevalerie sans s'adresser aux demeures étroites et sévères où elle s'abritait : comment concilier l'habitat et la défense, puis l'agrément et le prestige ? Ce furent les problèmes permanents de l'architecture des châteaux. Et si la résidence était, par nécessité, austère, par quels moyens l'égayait-on : peintures, ferronneries, tapisseries ? Ou bien ne pouvait-on élever à distance du château « officiel », familial, une demeure à la fois plus agréable et plus simple ?

Il faut avoir toutes ces questions présentes à l'esprit quand on aborde cet immense domaine du patrimoine qu'est le château en France. Il importe seulement de se défaire complètement de l'image moderne du château : habitat de luxe, généralement reconstitué au bénéfice de riches propriétaires, sauf dans les cas, fort rares, où le bien familial n'a pas changé de main.

Ce que l'on risque de ne pas comprendre, c'est le poids que représentait pour une famille la grosse demeure traditionnelle. (Mais là aussi, on prendra garde au fait que souvent l'alliance avec une autre famille, un héritage, une action politique... amenaient à céder le château.)

Nous touchons ici à un point capital qui sera illustré plus en détail le moment venu. Les châteaux ont été à l'âge roman et gothique, les foyers de la culture. Il y eut au XIVe une « aristocratisation » intense de l'activité artistique au service des grands seigneurs. Mais avec la mutation sociale du XVe, on observe un glissement au niveau du pouvoir et de la fortune qui se traduit par l'émergence d'une nouvelle classe, qu'on appelle pour simplifier : la haute bourgeoisie. Financiers, secrétaires royaux.

Tandis que la noblesse de sang, celle qui mène les guerres d'Italie pour les rois conserve les châteaux d'antan, et tarde à les moderniser, la nouvelle couche sociale, habile, cultivée, proche du prince, ambitieuse, qui va peu à peu former la « noblesse de robe », est le véritable porteur de ce qu'on peut appeler la Renaissance.

Il est apparu que, pour aborder correctement cette histoire, il fallait sans cesse affronter deux questions cachées à l'intérieur : l'une est le va-et-vient entre les couches sociales — strates, classes, ordres et leur relation avec la production artistique — l'autre, plus difficile, est le parallélisme, la communication éventuelle entre le littéraire et le concret formel.

Aucune réponse simple apparue, il a fallu énoncer sommairement dans l'introduction les données les plus évidentes du problème, et laisser jouer dans le discours lui-même les moments d'accord et d'exclusion.

Plus le service de la cour absorbe le temps et les

moyens de la noblesse véritable, plus il est loisible à la classe montante de commander des demeures somptueuses aux meilleurs architectes.

C'est le richissime banquier Laffitte qui demande à François Mansart ce qui sera un chef-d'œuvre : Maisons, avec son parc au-dessus de la Seine.

Pour des raisons faciles à comprendre, ce sont souvent des aristocrates à idées libérales et modernistes qu'on trouve à la tête des entreprises industrielles.

Une des évidences qui risquent d'échapper à une définition trop simple des classes dominantes, c'est le rôle des grands officiers en cours de promotion sociale.

Ils ont l'intelligence active, très vite l'argent, bientôt le pouvoir, mais non les titres. L'ennoblissement culturel, c'est-à-dire la belle demeure et les collections, leur est nécessaire.

Quand on décide de suivre les grandes lignes de ce rapport : pouvoir-culture en s'imposant de ne sauter aucune des articulations repérables, quelque chose de grave et de simple saute aux yeux. L'activité économique n'est pas favorisée par l'attitude traditionnelle de l'aristocratie, qui abandonne la « marchandise » à une autre catégorie, au-dessous d'elle ; mais l'esprit d'entreprise des membres de ce tiers-état a besoin de trouver appui auprès du prince, et c'est ce qu'on voit périodiquement au XVe, au XVIIe et au siècle suivant. Mais par une péripétie caractéristique de l'Ancien Régime, une trop grande élévation des financiers finit par déplaire au prince et c'est la chute de Jacques Cœur, défait par Charles VII, de Semblançay, condamné par François Ier, de Fouquet emprisonné par Louis XIV. C'est sans doute la raison pour laquelle le grand capitalisme n'a pas pris naissance en France. Y aurait-il un phénomène analogue dans le domaine de l'art ? La question vient d'autant plus naturellement à l'esprit que — les besoins de l'Église mis à part — l'activité des peintres et des sculpteurs est constamment liée à la demande et aux ressources des princes et des grands.

L'importance de ce qui se fait à la cour, pour la cour, est un fait typique, propre à la France, et d'autant plus facile à observer selon une courbe que l'institution se maintient à travers les crises.

La protection devient frein après Fouquet, même après Fontainebleau, avec Le Brun et avec le bonapartisme, etc.

Une société à dominante guerrière et ritualiste bousculée par l'aspiration commerçante et nationaliste.

Balzac, *La Vieille Fille*
bouquets de plomb — bourgeoisie
girouette — noblesse

Il y a beaucoup d'incertitude au sujet d'une culture *populaire*, qui véhiculerait un art *populaire*.

On est surpris de constater que les ouvrages à bon marché, avec des illustrations pauvres comme ceux de la Bibliothèque bleue (au XVIIe) intéressaient la clientèle parisienne. Cela vaut sans doute davantage pour les textes que pour les images. Mais on en retiendra l'idée qu'est populaire un certain usage des modes de la culture.

Il en ira tout autrement au XIXe.

Le génie de l'autodestruction
L'art du vandalisme

La critique intellectuelle et sociale des Lumières agissait en profondeur, stimulant l'énergie mentale et un besoin éperdu de liberté, mais on ne sut pas aménager en accord avec ces aspirations l'organisation politique. Le domaine artistique est précurseur : la « révolution » étant accomplie dans l'imaginaire, on pouvait, on aurait dû faire l'économie des fausses manœuvres qui ont conduit à l'insurrection populaire, au règne des extrémistes, à la terreur jacobine, et par là à la seconde crise grave d'iconoclasme qu'a connue le pays. On avait eu, deux siècles plus tôt, le massacre des images et de l'appareil religieux ; en 1792 et 1793, on eut la destruction non moins brutale et un peu plus générale, des statues, des symboles de la monarchie et, du même mouvement, une accélération des travaux de démolition soit d'édifices religieux insignes — Cluny, Saint-Martin de Tours — soit d'édifices de la couronne comme Marly.

D'Alembert, écrivant son pamphlet *De la liberté de la musique* en 1752, au moment de la querelle des Bouffons, appelait tout bonnement celle-ci « la première étincelle de l'embrasement général ».

La France a toujours été un pays de guerre civile. Il y

eut comme partout des révoltes de la faim, des violences face aux exigences fiscales, des actions antisociales de bandes dangereuses. Mais les conflits entre citoyens pour le pouvoir ou pour l'idéologie, sont si nombreux dans cette histoire et les divisions qu'ils entraînent si brutales, qu'on est tenté d'y voir un vice national. Il nous intéresse ici parce qu'il est directement lié à un phénomène dont la France tient le record et qui a fortement marqué son histoire : destruction des monuments et des œuvres d'art. Comme chacun sait, c'est en voyant l'ampleur des dégradations imbéciles des édifices que l'abbé Grégoire, protestant devant l'assemblée législative contre ces destructions gratuites, inventa le terme de vandalisme.

L'abbé Grégoire, républicain convaincu, s'est rendu célèbre par le rapport sur les destructions opérées par le vandalisme et sur les moyens de le réprimer, présenté à la Convention le 31 août 1794 (14 Fructidor an II). Le retournement nécessaire était opéré : il s'agissait de réprimer « les manœuvres contre-révolutionnaires » qui tentent à « ramener le peuple à l'ignorance en détruisant les monuments des arts », monuments au sens le plus large, bien entendu : manuscrits précieux, médailles, reliefs, tombeaux... L'idée de l'héritage global français prenait forme.

Le quai des Célestins a conservé le nom du couvent qui occupait un vaste quadrilatère au sud ouest de la Bastille (sectionné aujourd'hui par le boulevard Henri IV, la caserne occupant l'emplacement des bâtiments conventuels). Ce couvent de bénédictins avait la faveur de Charles V, figuré avec la reine au portail, surtout, ce devint le lieu des monuments funéraires des grands : Longueville, Cossé-Brissac...

et des tombeaux du cœur d'Henri II — l'œuvre de Pilon — et de François II. Au moment de la grande vague des destructions iconoclastes, Lenoir s'employa à sauver tout ce qu'il put et les pièces maîtresses partirent au musée des Grands-Augustins.

On ne peut mieux illustrer le comportement des Français qu'avec l'histoire des meubles de la couronne : exigence de la grandeur, dispersion absurde, récupération lente depuis un siècle.

Il y a une remarque terrible de Poussin, au détour d'une lettre sur les conséquences de la versatilité française : « La négligence et le trop peu d'amour que ceux de notre nation ont pour les belles choses [sont] tels qu'à peine sont-elle faites qu'on n'en tient plus de compte, mais au contraire on prend souvent plaisir à les détruire. »
(Poussin, janvier 1643)

On dira que le peintre vient de rentrer à Rome en novembre et qu'il est toujours agacé par la mesquinerie et l'inconstance des commanditaires. Mais la mauvaise humeur peut rendre lucide et Poussin a mis le doigt sur un trait du tempérament national.

Il y eut aussi le mépris du nouveau pour ce qui est périmé. L'indifférence ironique qui irritait Poussin. L'histoire française en est pleine du XVIe (encore que — nous l'avons vu et le verrons encore — on ait alors peu ruiné d'ouvrages gothiques pour des raisons de goût) au XVIIe.

Jules Robert de Cotte termine une expertise au château de Berny (1623) : « Quant au bâtiment, il est de valeur nulle. On peut le détruire » (1735).

« Les portails des cathédrales gothiques ne subsistent

que pour la honte de ceux qui ont eu la patience de les faire » (J.-J. Rousseau)

Le château d'Anet appartenait en 1590 au duc d'Aumale, adversaire brutal du Béarnais ; il fut condamné par le Parlement, sa demeure devant être rasée, selon la règle. Mais Henri s'y opposa « pour ne pas perdre un si noble ouvrage, non coupable de la méchanceté de son possesseur ». Il en fit don à l'un de ses bâtards, César de Vendôme, qui l'habita et orna le parc.

La France est, de tous les pays d'Occident, celui où l'on a le plus facilement détruit les ouvrages, même notables, même fameux, du passé. Soit indifférence et manque d'intérêt, soit encore la conviction qu'un ouvrage périmé mérite d'être éliminé.

Cela signifie que la *qualité* de l'ouvrage n'intéresse pas. Il est arrivé, certes, qu'on préservât pieusement une architecture ancienne. Le cas de Louis XIV demandant que le petit château de son père fût conservé au cœur du nouveau Versailles est toujours cité comme exemple du culte du patrimoine. Mais il s'agit d'autre chose : le respect d'une fondation, non l'appréciation d'une œuvre. C'est ainsi qu'à Fontainebleau, François Ier avait déployé les nouveaux bâtiments autour du noyau fermé par le donjon de Saint Louis, dont l'intérieur fut totalement remanié. C'est le rappel d'une légitimité féodale qui fait qu'on conserve un donjon ; le souci de maintenir une dévotion qui fait respecter une vieille chapelle. Dans toutes les manifestations de préservation active durant l'Ancien Régime, il y a toujours un intérêt politique, corporatif, défensif.

Une de nos plus grandes surprises d'historien a été

de découvrir que la notion de patrimoine, ou plus simplement le sentiment de ce qu'un monument, un objet, représente pour tous, le souci de l'importance historique, voire de l'authenticité, non seulement appartenait à l'âge moderne, mais paradoxalement était né des désastres inouïs de la Révolution.

Ce que l'Ancien Régime n'avait eu cure de faire — en dehors des « protections » dont nous avons parlé —, ce que l'Église toute puissante n'avait pas su définir et organiser — à l'exception des admirables travaux des bénédictins, que nous avons cités —, cette prise en compte d'un passé qui s'exprime par des œuvres d'art, des édifices, des « trésors » pleins de souvenirs, il fallut les secousses de la Révolution pour que l'on commençât à s'en préoccuper comme des aspects d'un patrimoine commun. Comme préalable à la prise de conscience historique qui intéresse directement l'art français, il fallut en somme que l'idée de nation fut apparue et l'Ancien Régime oublié.

De nombreux travaux ont fait le bilan consternant des destructions inspirées par la haine ou le mépris. Et facile à expliquer, en somme, à partir du moment où l'on s'en prend aux symboles d'un ordre détesté. Dans ce pays, intolérant par instinct, on ignore, on veut ignorer, qu'il s'agit *aussi* d'ouvrages élevés, taillés, ornés par des hommes comme nous.

Vandalisme iconoclaste : en 1562, les Huguenots se répandent dans le Val de Loire : Orléans, Notre-Dame de Cléry, la pauvre église cistercienne de la Charité-sur-Loire... sont ravagés avec la férocité que donne seule la panique religieuse. Les ravages des guerres de religion ont été beaucoup plus graves et profonds qu'on ne dit d'ordinaire.

À Saint-Denis, les Jacobins firent coup double, ruinant les statues-colonnes de la « superstition » et éventrant les tombeaux de l'« oppression ». Geste symbolique largement imité.

Kotzebue visite la chapelle de la Sorbonne au début de 1791 : « En jetant les yeux sous la voûte de l'église, je vis quelques ouvriers sur un échafaud et demandai ce qu'ils faisaient : Ils enlèvent par ordre de l'Assemblée nationale — me répondit-on — les armes du cardinal de Richelieu ; — Et pourquoi donc ? — Parce que toutes les anciennes armoiries sont aujourd'hui proscrites en France ». Cela est ridicule. La façade de l'église Sainte-Geneviève m'a ravi si j'eusse pu en même temps ne pas voir les misérables maisons qui l'entourent, mon imagination m'eut reporté à Athènes, car rien dans l'architecture ne rappelle les clochers gothiques dont la pointe s'élève dans les nuages, le roi très chrétien et le dix-huitième siècle. (« Souvenirs de voyage », *Nouvelle revue rétrospective,* 1895, II, p. 126)

« Pour l'ironie lucide, ces innombrables reliquaires sont des témoins ridicules de l'imposture superstitieuse. On se doit de les faire disparaître. » Calvin ne précise jamais comment. Mais cette dénonciation de bon sens ignore les racines sociales, traditionnelles, affectives de ces objets.

À la suite de spoliations, un certain nombre de grands tableaux religieux ont trouvé refuge dans les églises du Canada (XVIIe-XVIIIe).

Le Mans est pris par les Huguenots. À la cathédrale Saint-Julien, clôture du chœur, jubé, stalles... tout le mobilier est « brisé, rompu, ravy » selon le document chiffré, *Plaintes et Doléances du chapitre*, rédigé aussitôt après en vue de réparations.

Ces stalles, réparées en 1576, seront abandonnées à l'incurie et détruites deux siècles plus tard par un autre chapitre.

L'enclos du Temple était une sorte de bourg indépendant à l'intérieur de la ville (un plan-relief de 1784 en est conservé à Carnavalet). L'ordre avait été brutalement éliminé par l'action royale de 1307 et les biens séquestrés ; mais autour du donjon et de l'église ronde s'était formée une petite ville qui fut incorporée telle quelle, avec ses murailles inutiles à l'intérieur de l'enceinte de Charles V. À la rotonde typique s'était ajoutée une nef gothique au XVe : au nord du donjon s'étendait [...] avec l'hôtel du Grand Prieur. Rebâti en 1667 par Delisle-Mansart, cet édifice, doté de vastes appartements devint l'un des hauts lieux de la culture à Paris au temps du grand collectionneur qu'était le prince de Conti : c'était une de ces survivances à peine intelligibles, si nombreuses dans l'ancien Régime. Tout disparut par étapes avec la facilité née de l'indifférence générale : l'église en 1746, le donjon, lieu de la captivité royale ; sous l'Empire, l'hôtel devint caserne et disparut sous Napoléon III. Mais il en reste des vestiges. Dans l'enclos avaient toujours vécu des artisans échappant aux franchises : une grande halle établie vers 1780 est devenue le marché couvert ; la foire du Temple, le 28 octobre, était très courue pour ses fripiers et ses cabarets. Mais surtout, c'était un lieu de parades burlesques, qu'adorait le public. Le boulevard du Temple, ouvert à la fin du XVIIe, hérita, si l'on peut dire, de ces divertissements et devint après 1800 le grand centre des théâtres populaires, avec les établissements de Nicolet et Audinot où l'on jouait de bonnes farces comme « La Parade de Bobêche et Galimafré » (tableau de J. Roller, vers 1820, musée Carnavalet).

Au cours de l'année 1794, un entrepreneur fut commis pour abattre la Galerie des Rois à la façade de Notre-Dame. D'importantes têtes qui avaient été employées comme matériaux de construction ont été retrouvées fortuitement en mai 1977 dans les soubassements de la chaussée d'Antin, parmi 360 fragments divers.

« Dans quels siècles les talens furent-ils plus atrocement persécutés que sous la tyrannie de Robespierre ? » (Abbé Grégoire, rapport du 17 Vendémiaire an III)

Le cas de Notre-Dame-en-Vaux à Châlons-sur-Marne est à retenir. Un cloître somptueux du XIIe avait été détruit, rasé, faute de pouvoir l'entretenir vers 1760. Deux siècles plus tard, une fouille paradoxale dans les murs du presbytère a permis une surprenante récupération de fragments magnifiques d'un ensemble de statues-colonnes mutilées, composant un cloître exceptionnel à chapiteaux doubles et même quadruples.

« Fragonard vit sortir de la fumée d'une chambre d'un appartement qu'il habitait. Il entre dans la chambre, trouve son fils Alexandre qui faisait brûler des estampes. C'étaient toutes celles que, dans le goût de son temps, Fragonard avait amassées.
— Misérable, dit-il, que fais-tu là ?
— Je fais, dit le fils, un holocauste au bon goût. »

Dans cette anecdote tient le résumé de cinquante ans d'école française. (Cf. L. Dimier, « Fragonard », *Le Mois littéraire et pittoresque*, 1907, pp. 25-38)

Si la France a été, du XVIe au XIXe, la contrée la plus obstinément adonnée au « vandalisme », elle est devenue ensuite — comme l'Italie du XIXe — le pays d'élection de la dilapidation due aux antiquaires et favorisée par le manque général d'intérêt des collectivités et des particuliers.

Il reste à énoncer un autre élément ravageur, qui tient cette fois à l'usure du temps, à l'atmosphère polluée dont l'industrie automobile et les chauffages au fuel enveloppent les édifices, et à la maladresse des interventions officielles. Depuis un demi-siècle, on s'est préoccupé de la « maladie de la pierre ». Des colloques nationaux et internationaux ont été organisés ; un laboratoire des Monuments historiques existe pour cette étude. Mais des nettoyages mal avisés sont toujours possibles et on a pu observer, à la cathédrale de Sens, une dégradation accélérée des reliefs du portail central. (Cf. *Revue de l'Art*, n°62 [1883], pp.95 *sqq.*)

Rien n'illustre mieux le manque d'imagination et l'absence de vues sérieuses en matière de patrimoine que les vicissitudes de la collection de plans en relief des villes de France réalisée sous Louis XIV. Un ensemble grandiose de plus de cent maquettes monumentales qu'on peut nommer « paysagistes » comme à des fins de défense militaire et de prestige. En 1717, le tsar les étudie et les admire longuement à la Grande Galerie où elles sont disposées pour la visite. En 1815, les Prussiens en obtiennent dix-neuf concernant la frontière de l'Est (détruites en 1945, sauf la maquette de Lille [1742], récupérée en 1949 et celle de Strasbourg [1727], qui avait été donnée à la ville en 1903) sur les cent trente-quatre pièces plus ou moins convenablement entreposées aux Invalides depuis 1774. Le XIXe les oublia. Mais l'intérêt pour l'histoire urbaine qui s'est développée de notre temps permettait d'envisager urne utilisation intelligente et spectaculaire de cet ensemble fragile, certes, mais exceptionnel. En 1965, l'idée de le déployer à la Petite Écurie de Versailles (Bruxelles, 1965, préface de L. Grodecki) confirmait ce renouveau d'intérêt pour des chefs-d'œuvre de technique, d'une immense valeur pédagogique. Mais le caprice et l'ignorance d'un directeur de l'Architecture en décidèrent autrement. Et les services ministériels ont été ballotés depuis lors entre des solutions sans envergure et de lamentables pis-aller.

La responsabilité se situe en haut. C'est ce qu'on peut appeler la loi de l'exemption individuelle, de *non-responsabilité personnelle.* Elle est essentielle en France, dans la mesure même où le gros de la population estime qu'il revient toujours au trône et à l'autel — ou à ceux qui ont pris la suite : les gouvernants, l'État — de veiller au patrimoine. Bien collectif, qu'il s'administre collectivement. La France a, pour des raisons historiques, le privilège de cette aberration.

Saint-Sernin a été entièrement « restauré » par Viollet-le-Duc de 1860 à 1880, c'est-à-dire normalisé et complété. Un siècle plus tard (après 1979), il a fallu éliminer l'enduit dont avaient été couverts les murs à l'intérieur, et remplacer à l'abside les dalles de pierre par des tuiles canal ; mais on s'est demandé s'il y avait lieu de rétablir à l'extérieur le chemin de ronde, ou bien de restaurer les restaurations abusives — ce qui serait un comble, mais peut-être paradoxalement la solution la plus raisonnable.

La terrible autorité des restaurateurs en face de l'instinct de démolition.

Dans une lettre à J. Verneilh (1865), Abadie justifie ses interventions radicales par ces mots : « Je suis le chirurgien. »

On peut difficilement pardonner le laisser-aller d'une municipalité qui laisse les particuliers défigurer par d'épouvantables surélévations un bijou comme la place Dauphine ; le visiteur est contraint d'aller voir place des Vosges l'esprit de la compositon urbaine.

La dépose, la dispersion et la destruction des vitraux pendant deux ou trois siècles, que seul a limitées l'obscur attachement à des traditions honorables, liées à de grands noms : Suger, Saint Louis, ou plus simplement l'inertie. Le retour d'intérêt pour le Moyen Âge et son art mystérieux a entraîné à partir de 1840 une pratique bien plus néfaste encore, la restauration au sens radical de réfection, qui a redonné des verrières aux sanctuaires, mais aux deux tiers factices, modernes (Sainte-Chapelle de Paris, Saint-Denis). C'est seulement au milieu du XXe et, très précisément, après les mises en caisse générales provoquées par le conflit mondial des grands cycles du vitrail, qu'une enquête sérieuse, méthodique, exemplaire, a pu être entreprise, sous la responsabilité du Service des Monuments historiques. L'ampleur et l'importance de cette redécouverte ont été mises en évidence dans une exposition mémorable de 1953.

Les Français du XXe se sont montrés particulièrement oublieux des fastes de leur sculpture, où ils ont pourtant la plus forte tradition du monde, avec la Chine.

On peut voir en bonne place au musée des Cloîtres (New York) le portail de Moutiers-Saint-Jean (Côte-d'Or), un monastère qui avait eu un grand moment au XIIIe, et dont l'histoire est très typique du sort des œuvres du passé : martellement des statues par les Huguenots en 1567 ; le monastère est pillé ; sa ruine est consommée pendant la Révolution ; le portail sert d'accès à un élevage de volailles. Un antiquaire emporte aux États-Unis les pièces sculptées (1931-1932) ; elles trouvent place au musée de New York et les deux statues de roi qui avaient disparu sont acquises sur le marché et replacées en 1940. (Cf. *Metropolitan Museum Bulletin*, juin 1940)

Un des plus beaux coins de Paris se trouvait à l'Est, dans le triangle : Bastille-Célestins-Arsenal. L'œuvre de Sully. Les vicissitudes des bâtiments, où Boffrand n'arriva pas à conclure son projet pour le duc du Maine, illustrent bien les incohérences de l'Ancien Régime. (Cf. J.-P. Babelon, *Bulletin monumental*, 128 [1970], pp.269 *sqq.*)

Autre exemple typique : la dévastation du site de Sucy-en-Brie et la dégradation du château des Lambert aux mains d'un organisme officiel de l'État, qui l'avait acquis en 1955.

La *Description nouvelle de ce qu'il y a de plus remarquable dans la ville de Paris* de Germain Brice, Paris 1684 (9^e^éd. 1752, rééd. 1971) mentionne 170 édifices religieux, où il recense plus de cent maîtres-autels monumentaux. On n'en voit plus guère que deux ou trois, dont celui de Saint-Nicolas-des-Champs, peut-être dû à Clément Métayer. Viollet-le-Duc dans son *Dictionnaire* (t.VIII) juge ce meuble comme un « témoignage de la barbarie ».

Le petit prieuré de Berzé-la-Ville (Côte-d'Or) où l'on avait découvert en 1887 des fresques considérables est mis en vente en 1947 et une intervention généreuse le donne à une institution académique.

III. Le mental : l'esprit français et la routine

Parlons de l'art. Nous ne sommes pas dans un pays de romantisme, nourrissant de fortes passions qui font éclater des sonorités nouvelles.

Des cas excitants, mais rares et des résultats inégaux. Pas de Caravage, pas de Luca Giordano.

On chemine entre deux lignes, deux extrêmes : la frivolité, l'amusement, le plaisir du moment, et cette vivacité — trop réglée sur la mode pour risquer la profondeur — qui ne s'interroge pas.

À l'autre bord, les docteurs, les théoriciens du métier, ceux qui connaissent la norme mais n'ont pas réfléchi sur ses raisons.

La France double : d'un côté le faste et l'agrément, de l'autre la dureté, les formes sèches, ce que l'on peut traduire par Cluny et Cîteaux, Versailles et Champaigne.

Dans ses *Pensées de l'interprétation de la nature* Diderot développant une idée de Buffon, adopte une position rigoureusement « homocentrique » :

« Si l'on bannit l'homme ou l'être pensant et contemplateur de dessus la surface de la terre, le spectacle pathétique et sublime de la nature n'est plus qu'une scène triste et muette. C'est la présence de l'homme qui rend l'existence des êtres intéressante. ». L'affirmation de la centralité de l'homme dispense de toute théologie. « Je suis homme et il me faut des causes propres à l'homme. »

Une prédominance obsédante de la forme humaine contraint toute chose, les animaux, les plantes, le ciel, la nature, à alimenter de décors et d'emblèmes les spectacles de l'histoire et du présent. Rien d'autre ne mérite l'attention. L'art n'a pas, et de toute évidence ne souhaite pas avoir d'autre ouverture, d'autre horizon, que le cercle des passions : des visages et des discours. D'où une impression générale de sécheresse dont il faudrait rendre compte.

Les grands escaliers
1770 ancien archevêché de Paris, Desmaisons
1767/9 La Vrillière, Chalgrin
1770 et s. Bénouville, Ledoux
— Bordeaux, Th. V. Louis
— Monnaie, Antoine

On a peut-être trop négligé l'immense poids de l'allégorisme dans l'art et la pensée de l'âge classique. Le sage cartésien en appelait à la seule validité du concept et de cet univers transparent des mathématiques, auquel Newton et Leibniz donnaient enfin toute son extension ; il en résultait un certain mépris pour l'appareil des fictions, des décors, des costumes dont est accompagnée la vie sociale. Pascal en avait une bonne fois donné une critique impitoyable. Mais en même temps, les psychologues à la manière anglaise rappelaient que nous ne concevons rien que par images et que, sans leur secours, les concepts les plus utiles restent en quelque sorte informes et n'atteignent pas la conduite humaine. D'où la nécessité des configurations symboliques qui les adaptent aux besoins de la vie politique, de la religion, du savoir. Ces métamorphoses des valeurs, développées dans l'espace sémantique sont la matrice normale, constante, de l'opération artistique. (Cf. E.H.Gombrich, « Visual Metaphors of Value in Art », *Meditations on a Hobby Horse*, Londres, 1961)

« Cette clarté un peu sèche »

« Son tableau, parfaitement bien inventé, quand même il serait médiocrement peint, réussira beaucoup mieux que s'il était du pinceau le plus excellent avec une intention médiocre. » (Le P. Laugier, *Manière de bien juger les ouvrages de peinture*, 1770, p. 106)

Une certaine étroitesse de goût, de mœurs, de pratique associée à une prétention à l'universel, qu'on évoque, qu'on sollicite, qu'on s'approprie.

« La simplicité, la nature et le désordre appartiennent aux Anglais, de même que les lignes droites, les percées, les grands morceaux sont aux Français. » (Prince de Ligne, *Coup d'œil sur Belœil*, 1786, p. 48)

On lit quelque part dans *Le Génie du Christianisme* : « Le Français a été dans tous les temps — même lorsqu'il était barbare — vain, léger et social. Il réfléchit peu sur l'ensemble des objets, mais il observe curieusement les détails, et son coup d'œil est prompt, sûr et délié. » Ce qui donne des auteurs de mémoires intéressants plus que des historiens.

La « critique » est une des grandes marques de l'esprit

français, moins sans doute dans l'appréciation que dans la mise en question des œuvres et de leurs intentions supposées. Ironique et impuissante à l'égard de tout ce qui la précède, comme fut la Pléiade en son temps, Boileau dans le sien, les romantiques à leur tour... Mais, dira-t-on, cette disposition ne concernait pas la vie artistique qui, pas plus au XVIIe qu'au XVIe, ne semble avoir eu cet accompagnement. Il faut l'avouer : on a l'impression d'un silence, faute de bien connaître les commentaires, les relations, les opuscules qui composent la *Kunstliteratur* de l'âge classique (aucun grand livre... Félibien et Roger de Piles...).

Genre institué, couvrant l'art aussi bien que la littérature, la critique acquiert toute sa force au XIXe et fait route avec le développement de la peinture, l'institution des *Salons* suscitant la littérature spéciale de façon plus méthodique et soutenue qu'au temps de Diderot. Mais c'est ici qu'apparaît enfin de façon manifeste ce qui était et ce qui reste la difficulté propre à la littérature sur l'art dans ce pays.

L'exercice tenace de l'intelligence peut être éblouissant chez Baudelaire, chez Thoré, chez Fromentin — même s'il s'efforce de parler un peu en « praticien » — mais la langue est fine, cohérente et claire : la critique est de l'ordre de l'intelligence.

Un jeune auteur écrivit en 1895 « une petite étude de philosophie de l'art » centrée sur l'œuvre de Chardin, qu'il ne publia d'ailleurs pas. Il s'efforçait d'échapper aux « plis » et c'est seulement vers 1908 qu'il osa formuler en tête d'un essai *Contre Sainte-Beuve* — qu'il ne publia pas davantage — une phrase qui résume son tourment : « Chaque jour, j'attache moins de prix à l'intelligence. »

Marcel Proust entend par là faire appel à des facultés plus délicates, plus dociles au réel, dont il trouve l'emploi dans la peinture et la musique.

La France a un curieux privilège : elle a produit des personnalités capables de porter au-delà des limites normales la puissance organisatrice du pays, en doublant tout d'un revers de faste, en créant un miroitement de projets, d'inventions glorieuses et de fêtes qui ont laissé dans la sensibilité de la foule un souvenir plus fort que les rancœurs et les regrets.

On se rappelle le Bernin : « E un pittor che lavora di là. »

Francis Jourdain qui accompagnait Camoin dans sa visite à Cézanne en 1904 a rappelé que le vieux maître touchait son front en répétant : « La peinture est là-dedans. ».

La plus forte tradition française est celle de l'art oratoire. Michelet observait à propos de Mirabeau : « Le pouvoir de l'éloquence sur cette nation sensible entre toutes au génie de la parole » (Michelet, *Histoire de la Révolution française*, chap. III). Toutes les professions liées à la parole ont eu des héros qui ont laissé de grands souvenirs[1]. Religieux, politique, judiciaire, l'éloquence séduit toujours. Et cela depuis des siècles. Ce qui invite à penser qu'il doit y avoir un lien entre cette inclination et le génie même de la langue, comme si elle avait été modelée à cette fin. Ce qui pose le curieux problème d'un « génie » propre en action, à la fois cause et résultat. Quand on nous parle au XIIIe de la « parleüre delectable » qui enchante

1. J. Starobinski, « La chaire, la tribune, le barreau », *Les Lieux de mémoire : la nation*, Paris, 1986, vol. 3.

les ducs et les cours de l'Occident, nous sommes bien obligés de nous interroger sur l'élaboration de ce beau langage, qui suppose des générations articulant les sons et enchaînant les phrases de façon cohérente et continue.

Et comme l'époque où, pour la première fois, il y eut une littérature « française » est aussi celle où s'affirma dans la chrétienté la primauté — presque complète — du « gothique », nous pressentons un parallélisme qu'il serait intéressant d'explorer.

Pays de beaux-parleurs. L'indication est à retenir : elle fournit un éclairage intéressant sur la volubilité artistique.

Surtout, on saisit au vif le privilège de la langue.

« Nicolette et le clair vis. »
Le terme de clair fait partie des vocables dominants dont on a pu faire un symbole.

La langue française facteur d'unité
« On recense en français à peine 200 mots d'origine gauloise. ». Le latin provincial du Bas-Empire qui avait perdu l'accent tonique et la liberté de la syntaxe avait prévalu dès les VIIe-VIIIe s. ; peut-être en raison des ressources universelles de la langue de Rome. En 843, une langue distincte du germanique et du latin, le *roman*, est reconnue. Mais il n'en faudrait pas conclure que tous les usages, toutes les pratiques de l'âge gallo-romain ont été balayés. Il faut rappeler qu'ont subsisté sans problème des ustensiles : le tonneau, des formes vestimentaires : le pantalon, des outils, et des techniques dont il faudra dire un mot quand elles concernent la construction, la taille du bois. Seulement, à tout cela ont été donnés de nouveaux noms.

Le vernaculaire est resté longtemps — et se découvre souvent encore — germanique dans le Nord et romain dans le Midi. Mais comme la lente formation des langues régionales a permis en Picardie, en Champagne, en Touraine, en Berry des « parlures » distinctes, de même se sont définis des modes de bâtir, d'orner de figures, qui ont fini par composer, aux XIe et XIIe s., triomphalement au XIIIe, un massif qu'il faut bien appeler français.

Un grand historien de l'architecture a pu reprendre les propos d'un grand historien de la langue sur l'axe privilégié des communications nord/sud par les vallées de la Saône et du Rhône : « Par là remontent depuis vingt siècles les innombrables termes que la France du Nord a empruntés à celle du Midi ; par là descendent à la Méditerranée les néologismes parisiens. » (Dauzat, 1922).

L'attitude de Montaigne est révélatrice d'une méfiance, presque d'une aversion, à l'égard des prétentions de l'architecture, du décorateur... Ils doivent rester à leur place, silencieux et efficaces. Voilà qui éclaire une des lacunes notables de l'esprit français. L'agacement du moraliste à l'égard des spécialistes, des techniciens. Le souci de faire travailler le langage à l'analyse intellectuelle et morale. Ce qui entraîna une épuration notable par rapport à l'état de la langue que connaissait et maniait si savoureusement Montaigne. La logique de son propos a été l'élaboration de la langue filtrée, contrôlée, réduite à l'essentiel.

Un effort admirable vers la clarté ou mieux encore : la transparence du discours assurent un pur, un parfait moment d'humanité.

Il y avait eu Rabelais, Bonaventure des Périers... et

quelques excentriques au début du XVIIe, mais bientôt après Malherbe et Charron, il n'y eut plus rien dans la « tradition » française qui ouvrit l'accès aux excentricités, aux débridements de l'imaginaire.

Il est impossible de parcourir le domaine français sans percevoir, sous la clarté et la propriété, une sécheresse latente, une fermeture intellectuelle à l'insolite, au confus des forces vitales. Ce qui règne ou tend à régner en France, c'est *l'égoïsme de la Raison*.

Le libertinage s'accommode de la pureté du discours. Sade écrit plutôt mal mais il reste à l'intérieur de la langue dont se servait Casanova et dont Rivarol louait l'universalité. Quelle correction dans les polissonneries de Fragonard, de Lavreince, si l'on compare avec Füssli.

Il en résulte des besoins d'émancipation qui souvent se satisfont en faisant appel à des sources, à des énergies voisines. Au XVIe, nobles et bourgeois se délectent au romanesque d'importation.

Le Tasse dont il n'y a pas d'équivalent.

Les amis de l'Encyclopédie s'évadent avec la rêverie rousseauiste, Madame de Staël et les romantiques avec la philosophie allemande, Proust le mondain avec Ruskin.

Comment comprendre ce mouvement qui amène à s'alimenter ailleurs ? C'est sans doute qu'il y a au fond de la pensée claire — notre privilège — un vague regret des joies cachées et dangereuses de l'imagination.

Le comportement français à l'égard des grandes formes poétiques qui sont nous sont interdites par la qualité même de notre instrument linguistique est assez révélateur.

Quelqu'un a essayé d'y voir clair. Comme d'habitude, il s'agit d'une personnalité attachée à l'Italie.

Une des clefs du problème se trouve dans le passage des *Promenades dans Rome* qui comporte une digression sur « l'esprit français » (20 novembre 1828). Il faudrait le citer en entier.

« En 1580, quand Montaigne passait à Florence, il y avait seulement dix-sept ans que Michel-Ange était mort, tout retentissait encore du bruit de ses ouvrages. Les fresques divines d'André del Sarto, de Raphaël et du Corrège étaient dans toute leur fraîcheur. Eh bien ! Montaigne, cet homme de tant d'esprit, si curieux, si désoccupé, n'en dit pas un mot... Joignez à cet exemple celui de Voltaire, parlant des beaux-arts ; et, mieux encore... regardez les yeux de vos voisins, prêtez l'oreille dans le monde, et vous verrez que l'esprit français, l'*esprit* par excellence, ce feu divin qui pétille dans les *Caractères* de La Bruyère, *Candide*, les pamphlets de Courier, les chansons de Collé, est un préservatif sûr contre le sentiment des arts. »

Stendhal tente d'analyser les raisons de cette espèce d'infirmité, dont il se rend bien compte qu'on lui reprochera de l'avoir énoncée. L'homme d'esprit pense toujours par définition au mot, à la formule piquante, à l'effet sur autrui ; le sentiment de l'art suppose, dit le disciple de Cabanis, « l'habitude d'une rêverie un peu mélancolique », le goût de s'attarder sur l'impression ressentie pour elle-même et d'en fixer l'objet.

Promenades dans Rome, 16 juin 1828, Pléiade 879 : « Il a été donné aux Français de comprendre les arts avec une finesse et un esprit infini ; mais jusqu'ici, ils n'ont pas pu s'élever jusqu'à les sentir. »

« Cette clarté un peu sèche qui est la marque de l'art français. ».

L'élégance de la ligne, légère, amusante, rapide, provoquant une courte ivresse.
Le contrepoint de l'art médité, contrôlé, conscient en un mot, qui prétend ne rien négliger comme si tous les termes de l'opération pouvaient être identifiés et gouvernés. Cela ira jusqu'à Seurat.

Jamais trop de cœur, de sentiment, dans tout cela. Ceux qui atteignent les nappes profondes de l'affectivité ne passent pas par là.

Van Gogh remplace Rembrandt, Matisse tient lieu de Titien, Picasso retrouve Goya.
Mais qui est dupe de ces équivalences, de ces substitutions, destinées à rassurer les contemporains ? La peinture française ne couvre pas tout le champ de l'art occidental, parce que — sauf à un moment privilégié du XIXe — elle ne l'a jamais embrassé.

L'histoire littéraire et intellectuelle de la France est presque aussi riche de conflits que son histoire politique.

Voltaire répond à Pascal, qui répondait à Montaigne. Malraux n'oublie pas Barrès qui n'oublie pas Chateaubriand, qui voulait faire oublier Rousseau. Les premiers ont la promptitude de l'« esprit », les seconds l'éloquence de la vie affective.

La manière abstraite et moralisante
Claude François Menestrier savait tout en matière d'emblématique. Son *Art des emblèmes* de 1662 n'est pas seulement un effort de récapitulation et de classement mais surtout un éloge convaincu de la dynamique imaginative propre à ses préoccupations. Beaucoup plus tard, dans *La Philosophie des images énigmatiques* (Lyon, 1694), il alla jusqu'au bout de sa pensée : « C'est la religion qui a consacré les énigmes par l'obscurité de ses mystères qui sont au-dessus de

la pénétration de l'esprit humain. » La formule vaut aussi pour cette forme sacralisée du profane qu'est la symbolique monarchique. Il y a un art de l'étrangeté nécessaire. L'énorme effort intellectuel requis visait à un grandiose qui ne faisait guère qu'organiser des apparences.

Par opposition à la surenchère des lectures symboliques, on souhaite, tout au long du XVIIe, une rationalisation véritable du système figuratif. On s'interrogeait : suffit-il d'un visage féminin voilé pour indiquer le secret ? d'un miroir pour signifier la vérité ? Avec la *Nouvelle Iconologie historique ou Attributs hiéroglyphiques* de Jean-Charles Delafosse (1768), une révision difficile commença. Mais l'œuvre du nouveau classicisme qui s'affirmait alors fut d'exiger une nouvelle tension intellectuelle de toute œuvre d'art.

Dans l'enseignement des jésuites, l'« énigme peinte » était un moyen de familiariser les auditeurs avec les particularités de la Fable, ou les épisodes de l'Histoire sainte[1]. Il s'agissait d'en tirer l'intuition d'un *mystère*, ce qui consistait, à travers le jeu intellectuel des analogies auquel on prend plaisir, à atteindre un grand enseignement, qui, naturellement, sera d'ordre théologique. L'image, en somme, est le prétexte d'un exercice tenant de l'acrobatie verbale et du divertissement, qui en dit long sur l'usage pédagogique de l'art.

Le P. Le Jay, auteur de la *Biblioteca Rhetorum*, Paris, 1727, était un des héritiers de la méthode emblématique, surtout soucieux d'ailleurs de « ménager les traits d'une morale fine, mêlée d'une critique

1. J. Montagu, « Painted Enigma and French Seventeenth Century Art », *J.W.C.*, XXXI (1968), pp.307-335.

innocente ». Au terme d'une analyse singulière, il conclut que la scène de *Moïse sauvé des eaux* représente, illustre, promulgue le *mysterium* de l'« œil ». Les peintres italiens et français avaient marqué depuis longtemps un grand intérêt pour cette légende biblique, à laquelle le cadre égyptien, le miracle du nouveau-né, pouvaient prêter un aspect ésotérique. Poussin qui y était revenu par deux fois, Bourdon, Antoine Coypel, Charles de la Fosse... y avaient surtout vu, si l'on en croit l'œuvre même, une occasion de déployer un paysage original, d'associer un groupe de figures exotiques : la suite de la fille du Pharaon, à des pêcheurs, des paysans. Combinaison riche en effet d'implications multiples pour le peintre comme pour le commentateur. L'essor de l'imagination a été étouffé par l'exercice « emblématique ».

L'exploration des « modes d'expression » par l'analyse graphique, telle que la proposera Le Brun à l'Académie, est un retour au schématisme scientifique, à la fois pratique, réductif et explicatif, qui convenait entièrement à la génération des cartésiens. Son succès en fit une des composantes de l'enseignement des Beaux-Arts actualisé une nouvelle fois et modernisé avec les théories de Lavater. (Cf. Humbert de Superville, *Essai sur les signes inconditionnels dans l'art* ; Charles Blanc)

L'idée d'un secret scientifique capable de dominer, de régir les signes de l'affectivité fut développée par le physicien Charles Henry, ami de Seurat.

Le goût de construire

À partir de Henri II, la fierté nationale en matière d'architecture n'a guère fait que croître. Après 1640, où commencent à paraître des traités d'architecture à succès, on en arrive à une sorte de sommet avec le *Cours d'architecture* de François Blondel (1675-1683), qui consacre la plénitude de la « manière française » : nationale, mais aussi universelle. (Cf. l'ouvrage de Blondel et *Les Monuments érigés en France à la gloire de Louis XV* par Pierre Patte [1765])

Le cours de François Blondel (1675) eut proprement valeur officielle. La rigueur de la présentation et l'ampleur de l'information assuraient son autorité. La référence à Vitruve, que Charles Perrault se donna la peine de traduire à neuf et de commenter (1670) était constante, car il s'agissait d'élaborer une doctrine « universelle », fondée en nature et en raison, avec pour base l'Antiquité, même imparfaitement interprétée par l'architecte d'Auguste. Sans ces principes indéfiniment répétés, bien des solutions contraires étaient possibles, mais ce qui comptait avant tout, c'était le recours aux « ordres » antiques, cet « habit de cour » de l'architecture. La notion est précieuse et juste : grâce à ce parti à la fois structurel et décoratif, l'édifice transforme une rue, une place, un site en un lieu d'honneur. C'est le ressort normal du « grand style ». On s'informe sur les bons auteurs. Témoin cette note des procès-verbaux de l'Académie d'architecture : « On a continué de lire le troisième chapitre du deuxième livre de Palladio où il rapporte plusieurs dessins qu'il a donnés pour des maisons particulières tant à Vérone qu'à Vicence. » (*Procès-verbaux*, Académie royale d'architecture, 22 février 1700).

Les recueils illustrant par la gravure les édifices nouveaux apparaissent : l'*Architecture française* de Jean Marot, vite classique et intégré à l'*Architecture française* de J. Mariette, 5 vol., 1727, et de même J. Marot, un *Recueil des plans, profils et élévations*, d'une haute valeur de référence, grâce à la qualité des planches (souvent cité comme le *Grand Marot*). La connaissance des créations nationales est diffusée partout et trouve finalement un commentateur hors de pair dans l'*Architecture française*[1] de J.-F. Blondel (1752).

C'est une histoire critique : l'art de la Renaissance est plein de défauts, même la façade de Lescot au Louvre, parce que la distribution des trois ordres n'est pas canonique, même les Tuileries de Philibert, parce que le principe du module — la hauteur des colonnes rigoureusement établie en fonction des diamètres — n'y est pas respectée.

Comme on pouvait s'y attendre, l'étude commentée des grands modèles, le Louvre, Versailles, les Invalides... remplace les autres références. L'effort de synthèse, accompli par les auteurs pour assimiler et compléter les recettes italiennes, paraît tout naturellement déboucher sur une « théorie universelle ».

1. J. Lejeaux, « J.-F. Blondel, professeur d'architecture », *L'Architecture*, XL (1927), pp. 23-27.

Ce qui est éliminé, refusé, c'est l'affirmation fantaisiste et gratuite, le geste personnel, d'un Borromini, par exemple, ou le déploiement tumultueux, la formidable orchestration d'un Bernin, jugés l'un déplacé, l'autre excessif. Les contraintes qu'on impose à l'art comportent un risque de dépersonnalisation ; de la correction trop surveillée naît la froideur. Mais toutes ces règles n'étaient en définitive que la codification après coup des grandes réussites du pays. On pouvait imaginer sur ces bases d'innombrables combinaisons. Les architectes français avaient pris goût. La « manière française » est devenue pour les auteurs l'école de l'univers. Déjà en 1699, l'Anglais Wren tenait que la France était la meilleure en Europe.

L'idée d'ordre français revient périodiquement. Ainsi, en 1678, pour le dernier étage de l'aile septentrionale du Louvre qui sera d'ailleurs laissée non couverte.

Si l'on entend par baroque le « projet global » de l'âge de la Contre-Réforme et de l'absolutisme, il faut seulement considérer qu'à l'orientation triomphaliste et dynamique qui l'emporte s'oppose comme un frein une attitude plus timide et plus grave, dont on observe très tôt, particulièrement en France, l'affirmation résolue. Mais cela n'autorise en rien à considérer que l'« esprit classique » gagne à tous coups dans ce pays et y règle des développements qu'il se contente d'amortir.

Le dessinateur de la Chambre et du Cabinet du Roi exerce des fonctions multiples de décorateur et régisseur. Il n'est pas inutile de citer les titulaires de ce poste envié :

1660-1673 H. de Gissey
1674-1711 Jean I Berain
1711-1726 Jean II Berain
1726-1750 J.A. Meissonnier
1750-1764 Michel-Ange Slodtz
1764-1777 Michel-Ange Challe
après 1777 P.A. Pâris, dessinateur du Cabinet, L. Durameau, peintre du Cabinet assisté de J.M. Moreau, graveur du Cabinet.

Toute la courbe de l'histoire de l'ornement en France est en quelque sorte résumée par ce tableau.

Un épisode capital : la critique architecturale de Marc-Antoine Laugier, *Essai sur l'architecture,* Paris, 1753, qui eut le plus grand retentissement en Allemagne et en Angleterre.

Les Français n'avaient pas nécessairement plus que les autres peuples le goût des arrangements symétriques. Pourtant, ils en sont devenus les champions et on a souvent parlé dans les mémoires de l'obsession française de la symétrie, garante de l'ordre et de l'équilibre. Après Perrault, les auteurs prennent très au sérieux un principe si simple et efficace, et l'on en voit l'application constante dans le fameux *Cours d'architecture* de J.-F. Blondel (1771-1777), mais avec une nuance digne d'intérêt ; la symétrie s'impose d'autant plus que l'ouvrage d'architecture est plus élevé dans la hiérarchie. C'est en quelque sorte une marque d'honneur.

D'où son emploi systématique dans les concours des Grands Prix, qu'il s'agisse de métropole religieuse (projet de Boullée, 1781-1782), du siège d'une académie (projet de M.J. Peyre, 1765). Par une sorte de règle implicite, l'architecture du nouveau classicisme élabore — en pure gratuité idéale —

de formidables structures pliables sur elles-mêmes, parfois selon les deux axes. Les architectes français ont été dès lors tenus pour les maîtres de ce parti qui semblait flatter quelque chose d'essentiel dans leur esprit. (Cf. R. Middelton, « Symmetry : a french obsession », *Daidales* [Berlin], n°15, [15 mars 1985], pp. 71 *sqq.*)

L'enseignement de l'académie était théorique par définition et fondé sur la recherche et le commentaire des modèles canoniques. Jean-François Blondel, conscient des transformations du goût et soucieux de bonne technique, fonda l'École des Arts et obtint en 1743 l'autorisation d'ouvrir une école publique, rue de la Harpe. La perspective, le toisé, la coupe des pierres y sont traités, comme la composition et le décor. Les six volumes du *Cours* (avec trois volumes de planches) sortent de là.

Edmund Burke : « Nos jardins démontrent en particulier que les notions mathématiques ne sont pas les vraies mesures de la beauté. » (*A Philosophical Enquiry into the Origin of our Ideas of the Sublime and the Beautiful*, 1757 ; éd. fr. Paris, 1973)

Le Génie de l'architecture ou L'Analogie de cet art avec nos sensations de Le Camus de Mézières, paru en 1780, contient tout un répertoire des pouvoirs des formes, des couleurs, des matériaux, des bruits et même des odeurs sur la sensibilité ; l'architecte doit tenir compte de tous ces aspects dans son ouvrage, dont les ressources sont immensément élargies par cette relation à la nature intérieure (morale) et extérieure (paysage) qu'il s'agit d'activer. Les orientations quasi « philosophiques » commandent les nouveaux développements de la « programmation », définitivement arrachée à la méthode traditionnelle.

Dans le domaine de l'expression, les Français — pris dans une perspective longue, très longue — semblent bien céder à deux passions foncières, le discours et le bâtiment, le verbal et l'architectural.

Pour le premier, la preuve est facile à faire : des Gaulois célèbres pour leur faconde, on passe aisément aux beaux parleurs du Moyen Age.

Hercules gallicus

La grande Révolution s'est traduite par un flux sans précédent d'éloquence.

Pour l'architecture, l'évidence est dans l'espace, sur le terrain du pays, mais non dans les esprits, d'où cet intérêt majeur a curieusement disparu. Il faudrait reconstituer une mentalité attentive aux faits du bâtiment.

Il faut également renoncer à l'image du peuple chrétien enthousiaste apportant les pierres de l'édifice en chantant des cantiques et à celle de la foule irritée par les dépenses somptuaires ou bourgeoises devant les grands chantiers médiévaux.

Il y a eu un plaisir de la foule à voir s'élever des murailles.

Le problème n'est pas là. Il est de saisir la source d'énergie formidable qu'exigeaient des entreprises aussi gigantesques.

Il y a une catégorie d'esprits d'origine monastique ou bourgeoise qui se consacrent à ces travaux et leurs préoccupations constituent une chaîne ; Villard avec son « art de jométrie », Philibert de L'Orme avec son éloge inconditionnel des « tailles de pierre » et, pendant la Révolution, une prodigieuse éclosion de projets.

« Il existe entre l'architecture et la valeur réelle d'une nation des rapports tellement intimes qu'on pourrait faire l'histoire morale des peuples en examinant leurs édifices. »

(Viollet-le-Duc, *Entretiens sur l'architecture,* 1863-1872, p. 237)
« Deux choses doivent être éminemment nationales, la langue et l'architecture, c'est ce qui exprime le plus nettement le caractère d'un peuple ».
(*Ibid.*, article : De l'art étranger)

Nous ne dissimulerons pas notre conviction — probablement contraire à toutes les idées courantes — que l'art français, c'est d'abord, c'est surtout l'architecture. Pour une raison simple : c'est qu'on perçoit grâce à elle « le milieu dans son ensemble rendu visible » (S.Laugier).

Elle rassemble quelque chose de fondamental.

Ce qui la distingue de la construction, c'est le double aménagement qu'elle implique : un site, un *lieu*, pris en charge, et d'autre part un espace intérieur.

L'exercice de composition entretient le sens des espaces complexes et des aménagements complets : édifice — environnement.
Découverte de la réalité urbaine.

Le caractère précautionneux et étroitement commandé par la propriété de l'évolution urbaine, est mis en évidence par les études récentes. Il est long et compliqué de déployer l'espace habité et plus encore de bousculer les habitudes acquises. On ne s'ouvre pas facilement aux grandes propositions, ou, lorsqu'on a affaire à l'une d'elles, comme la décision de François Ier en 1532 de faire construire à Paris une grande église de la taille de Notre-Dame de Paris au quartier des Halles, les acquisitions, échanges et initiatives nécessaires prennent un temps incroyable et l'opération dure plus d'un siècle. Il y avait une chapelle primitive dont le chœur occupa à peu près l'emplacement exact ; mais aussi, à l'est, un cimetière — cette terrible pratique — et une limite infranchissable : la rue Montmartre. À l'autre extrémité, on n'en finit d'établir la bordure [?] sur la rue Trainée qu'au début du XVIIe, en donnant à l'édifice une inflexion très sensible sur le plan. La façade à deux tours voulait être de type national. Mal bâtie, elle fut démolie en 1688. La façade définitive confiée à Mansart de Jouy en 1754 comporte deux lourds étages mais dégagea une place formant parvis ; là encore, tout prit du temps et, en 1788, l'ouvrage fut interrompu ; avec une seule tour à gauche sur les deux prévues, ce qui en rend inintelligible la partie droite, avec ses motifs bordés de recours de colonnes.

Ce qu'un petit dossier comme celui-là rend sensible, c'est l'enchaînement de petites opérations qu'exige tout dessein, la lenteur qui souvent est moins due au manque de crédits qu'à la complexité des intérêts en cause, et les marques de ces processus que portent presque tous les édifices. Une sorte de croissance bourgeonnante qui comporte peu de grandes vues, ce qui ramène à une progression artisanale, négociée terme à terme.

Les affaires courantes comportaient d'innombrables décisions concernant les monuments et leur décor : Henri III fait placer un vitrail du Saint-Esprit à Cléry en 1583 et aménager la chapelle du couvent des Augustins.

La poétique française de la demeure, telle qu'on la pratiquait en France, a été exposée avec une admirable clarté dans l'ouvrage-manifeste de Patte.

« Rendons justice à nos artistes : la distribution est

une partie qu'ils possèdent à un souverain degré. » (Laugier, *Essai sur l'architecture*, 1753, p. 153)

Dans la pratique française, le corps de logis principal est simple et « transparent » grâce à deux éclairages : ainsi la plupart des modèles présentés par Du Cerceau dès 1559 (*Premier Livre d'architecture*).

Le refus du corps double se prolonge au XVIIe et étonne encore Bernin.

L'architecture domestique se juge à l'escalier, et c'est en France qu'on trouve dans la suite des âges les exemples les plus originaux et souvent les plus brillants de ce membre de construction. L'histoire la plus nourrie et la plus soutenue. Elle ne pouvait exister que dans un pays particulièrement attentif à cet ordre de choses.

L'hôtel du Petit-Luxembourg, construit par Boffrand pour la princesse Palatine en 1710, rue de Vaugirard, fut célèbre. « L'escalier est le seul conçu pour les grands hôtels parisiens de la fin du règne de Louis XIV encore conservé » (B.Pons). Il donne une idée de l'intérêt des architectes français pour l'ensemble complexe vestibule-escalier ; ici, un grand départ, des balustres en pierre répétées au pied des arcades de l'étage ; celles-ci sont fortement rythmées par des pilastres nus, mais couronnées de motifs en stuc et surmontées d'une frise à motifs guerriers, floraux. Ce mélange d'agrément et de solennité dérivait de Saint-Cloud.

Le 2 septembre 1771 au soir, un souper fut donné au roi au pavillon de Louveciennes par Madame du Barry. Ledoux avait commencé à le bâtir à peine neuf mois plus tôt : un bloc à arêtes fines précédé d'un portique à quatre colonnes ioniques ; le salon ovale, dont une aquarelle de Moreau le Jeune garde le souvenir durant le dîner inaugural (Louvre) est rythmé par des pilastres encastrant miroirs et boiseries blanc et or. Pour le salon arrondi, étaient prévus quatre panneaux de Fragonard : *Les Amours des bergers* (auj. Frick Gallery, New York) que Ledoux écarta pour des peintures de Vien (augmenté d'un étage vers 1930, restauré vers 1970).

Les aménagements intérieurs :
autour des « favorites »
la maison de la précieuse
Pompadour et le mobilier
la Princesse Mathilde
Madame Verdurin
Coco Chanel

Les principes d'étude nés de la pensée centralisatrice, instinctive en France, ont créé des plis généraux et des formules simplificatrices particulièrement difficiles à dépasser. La norme de l'« ordre » classique fondée sur la relation : ordres (antiques)-organisation a été diffusée partout par le cours d'architecture de François Blondel (1re éd. 1675). Excellente doctrine qui a exercé une sorte de fascination sur les auteurs de manuels. Elle laisse perplexe en présence des trois quarts au moins des ouvrages français à l'époque du grand « classicisme ». Qu'il suffise de citer un exemple extrême :

« Les grands porches d'églises du Léon breton, où les colonnes de Philibert de l'Orme voisinent avec des ornements de Du Cerceau, des réminiscences gothiques et une disposition d'ensemble de formes emboîtées en toute liberté[1] ».

1. A. Mussat, « Introduction à l'"architecture régionale" », *Culture et Création dans l'architecture provinciale de Louis XIV à Napoléon III*, Aix-en-Provence, 1988.

On retrouve partout en France sous des formes à peine moins voyantes cet amalgame de types canoniques agencés non comme des figures obligées, mais comme des éléments disponibles parmi d'autres.

Les architectes de ce temps variaient à plaisir les combinaisons d'éléments qu'on peut appeler « maniéristes » à la mode : clefs pendantes, bossages avec une savoureuse liberté, et toujours dans une ignorance totale des « ordres ». Les arcades admettent des tableaux décoratifs dans les écoinçons ; on en trouve aussi à l'allège des baies. Le dessin d'une façade de maison bâtie à Chalon-sur-Saône en 1614-1615 se trouve dans le recueil de Gentilhâtre (RIBA, Londres) qui contient un vrai répertoire des montages savoureux de l'époque[1].

Quand, au moment du séjour de Bernin à Paris en 1665, Charles Perrault intrigue pour desservir l'architecte, il ne trouve rien de mieux que de faire faire « deux essais de mur et de *voûte*, l'un par les Italiens, l'autre par les Français » ; il se trouve que cet hiver-là, il gela puis dégela : la première voûte ne tint pas et Perrault triompha. (Ch. Perrault, *Mémoires de ma vie*, P. Bonnefon éd., Paris, 1909, pp. 64-65)

On attache légitimement une certaine importance au carnet de Villard de Honnecourt : la volonté de mettre en évidence la figure humaine et de la soumettre à un système de proportion, en fait l'une des plus fortes manifestations que nous connaissions de l'esprit de « géométrie » dans les arts. Faute de documents, on hésite à affirmer que cet esprit ait parti-

1. L. Lange-Chatelet, « Dessins de Gentilhâtre », *Monuments Piot*, 1988.

culièrement prospéré dans les provinces françaises, mais on le croirait volontiers à voir le succès des « figures de feuilles » aux clefs de voûte, par exemple, des masques cocasses... qui supposent un schématisme rigoureux sur lequel l'imaginaire peut s'exercer.

Le carnet de Villard comporte plusieurs pages de recettes très précises sur la coupe des pierres. L'un des croquis (fol. 39 r°) étudie le travail du « liais passé », c'est-à-dire la taille d'une voussure lisse. Or, on retrouve le même petit problème et une formulation analogue dans l'ouvrage de Mathurin Jousse, destiné aux « compagnons » : *Le Secret d'architecture*, La Flèche, 1642. C'est le « maillage dans le temps ». (Cf. « La stéréotomie médiévale », *Bulletin monumental*, 145 [1987], 4, pp.387 *sqq.*)

Le peu de documents conservés ne permet pas d'affirmer qu'il y ait eu une floraison d'écrits théoriques autour du merveilleux *Carnet* de Villard de Honnecourt.
Dans le deuxième grand épisode de l'histoire architecturale, le traité de Philibert Delorme marque une grande date.

Rien n'illustre mieux à l'âge classique cet intérêt foncier que l'admirable composition en voûte plate appareillée à l'entrée de l'hôtel de ville d'Arles (achevée en 1684) dont Hardouin-Mansart avait donné les dessins : sur quatorze mètres de large, les assises, rappelant les absides romanes, gravitent autour d'une seule clef de voûte. On l'appela « voûte à la Roussillon ».

Le grand escalier de l'archevêché de Bordeaux (1772-1778), qui combine les appareillages les plus difficiles : voûte gauche, berceau tournant, mérite d'être célèbre.

Pour les auteurs français, le *Secret d'architecture* selon le titre donné à son traité par Mathurin Jousse, en 1642, c'est l'« art de jométrie » de Villard de Honnecourt, c'est-à-dire la taille de la pierre ou *art du trait.*

En fait, toute l'histoire de l'architecture en France peut s'écrire en fonction de cette prédilection pour la voûte de pierre (appareillée).

« Au XVIIe, on s'avisa de considérer les édifices moins en eux-mêmes ou dans la vue de leur emploi que comme susceptibles de devenir la matière de problèmes compliqués à résoudre pour l'art du trait. » (Quatremère, 1834).

Une dernière démonstration justifiée par le souci de déployer à l'étage l'abside de la chapelle de la Vierge est apportée par Charles de Wailly, avec la haute trompe plate-sphéroïdale au chevet de Saint-Sulpice (1774).

« Le surplomb que le classicisme avait proscrit revient massivement dans l'immeuble urbain de la fin du siècle et avec lui la trompe » (J.-M. Pérouse de Montclos). Exemple 29, boulevard Malesherbes à Paris.

Comme on l'a magistralement établi, la passion de la construction en pierre, l'amour de la stéréotomie, sont caractéristiques du pays depuis la plus haute époque. La « vis de Saint-Gilles », tour de force de voûtement en spirale — attestée à l'abbaye Saint-Gilles-du-Gard (donc dès le XIIe) — est comme le symbole d'un goût qui ne s'est jamais démenti.

« C'est l'un des liens des associations de "compagnons" jalouses de ce qu'on a longtemps tenu pour des "secrets" du bâtiment. » (J.-M. Pérouse de Montclos, p. 14)

« À toutes les générations, celle de Delorme et de Jousse, de Derand, de François Mansart, celle de Jules Hardouin-Mansart, celle de Gabriel et des Franque, on voit le nom des plus grands architectes parmi les sectateurs de l'art du trait. » (J.-M. Pérouse de Montclos, p. 196)

Quelques détails d'aménagement intérieur : l'alcôve, mot espagnol, ou extérieur : le revêtement de carreaux de céramique plus ou moins analogue à ceux des jardins andalous, suffisent pour rendre compte d'une appellation comme château de Madrid pour le grand pavillon de chasse élevé au bois de Boulogne à partir de 1528.

« C'est une maison de brique, rehaussée d'embrasures, d'amortissements, de chaînes, de corniches, de frises, d'architraves et de pilastres de pierre. »

Quand Arthénice (c'est le nom que donna Malherbe à la dame) l'entreprit, la brique et la pierre étaient les seuls matériaux que l'on employait dans les grands bâtiments. Ils avaient suscité force applaudissements sur les murailles de la place Dauphine, de la place Royale, des châteaux de Verneuil, de Montceaux, de Fontainebleau et de plusieurs autres édifices royaux et publics.

« La rougeur de la brique, la blancheur de la pierre et la noirceur de l'ardoise faisaient une nuance de couleur si agréable en ce temps-là qu'on s'en servait dans tous les palais et que l'on ne s'est avisé que cette variété les rendait semblables à des châteaux de cartes que depuis que les maisons bourgeoises ont été bâties de cette manière. » (H. Sauval, *Histoire et Recherches des antiquités de Paris*, vol. II, p. 201)

S'il y a une polarité un peu lassante, c'est-à-dire un jeu de principes antagonistes et irréductibles dans la mentalité et dans le comportement de ce pays, il faut lui reconnaître, à l'un de ces pôles, un don, une capacité, une passion : construire, qu'à l'autre on s'ingénie volontiers à ruiner. Construire dans tous les domaines, juridique, théologique, politique même. On ne manque jamais d'échafaudages. Construire c'est articuler et élever par système.

La France, si on la considère sobrement et simplement, est d'abord un pays d'architecture. Elle en porte encore partout la marque.

Si Bonaparte n'avait trouvé un milieu passionné de construire, il n'aurait pu former l'immense plan qui, inachevé, a occupé des générations.

Dans la seconde moitié du XIXe est reparue cette « volonté de bâtir » au prix d'une monstrueuse erreur : les Halles.

Dès qu'un grand chantier est prévu, la Providence accorde la faveur d'une découverte capitale : des fours à chaux lors de la première basilique de Saint-Denis vers 475 ; et vers 1135, toujours pour Saint-Denis, la « nouvelle carrière, véritable cadeau de Dieu, fournissant des pierres très résistantes, d'une qualité et en quantité telles qu'on n'en avait jamais vues dans la région » (Suger).

Les plus beaux textes que l'on connaisse — en dehors des *Élévations poétiques* de Ruskin sur les pierres de Venise — sont les observations de Viollet-le-Duc et d'A. Choisy sur la taille des pierres.

Les exemples abondent : ils prouvent qu'on était très attentif au problème des matériaux de construction, et que le succès des recherches à ce sujet était tout naturellement rapporté au Seigneur.

On observe constamment un intérêt précis, actif, presque sentimental, à la qualité des pierres de la part des maîtres d'œuvre et des ouvriers.

La maison en pan de bois rue Volta n'est pas « la plus ancienne maison de Paris », mais date de 1645-1650 selon un modèle de Pierre Le Muet.

Une famille parisienne, les Delespine, construisit un grand nombre de demeures modestes, dont on a retrouvé des vestiges du XVIIe jusqu'au XIXe. (Cf. M. Rambaud, *NAAF*, XXII [1968] ; A. Blunt, *Art and Architecture in France, 1500-1700*, Londres, 1953, éd. fr., Paris, 1983)

Il y eut aussi une architecture purement française, qui se forma comme tout d'un coup et paraît bien correspondre à la génération d'Henri IV. On l'étudierait facilement dans les très nombreux châteaux qui subsistent. (Cf. H. Lemonnier, *L'Art français au temps de Richelieu et de Mazarin*, 1983, p. 52)

Les grandes cathédrales constituent un ensemble unique au monde, où une société est allée jusqu'au bout de ses exigences.

Réussite comparable à celle des temples grecs du Ve et du IV^{e}s.

Dans le massif historique, outre le saisissement affectif qu'il donne au visiteur non prévenu, tous les problèmes qu'on peut se poser se trouvent réunis ; ils ont d'ailleurs été dégagés les uns après les autres, sous forme de « thèses ».

La fonction, la structure, la main d'œuvre, le financement.

Ce que nous appelons Moyen Âge concerne une époque de cristallisation locale et régionale des formes dans une grande solidarité internationale. Le terme d'influences n'est pas utile ici. Il y a çà et là de fortes inerties, des lenteurs obstinées ; ailleurs, à la faveur des circonstances faciles à préciser — les cours princières, les réseaux de l'Église, les voies du commerce — une avidité à accueillir, à appeler, à capturer des modèles ; on les manipule et les absorbe avec un mélange de rage et de ferveur ; et puis, à un lieu favorisé, que l'historien doit s'efforcer de désigner, de cerner, éclate à un certain moment une volonté de conclure plusieurs tentatives ; à un certain point, comme si la maturation des esprits accompagnait l'assurance des praticiens, une formule est proposée qui prétend tout embrasser, la manifestation d'un grand style, avec cette simplicité souveraine, qui maintient les assistants et, de proche en proche, les voisins et les étrangers, subjugués, quitte à susciter bientôt une résistance et un refus.

Est-ce bien là le profil exact de l'épisode ? Le compte rendu des événements artistiques, qui ont imposé l'art français ? Est-il légitime de prétendre que le processus s'est manifesté en Occident à deux, trois, quatre reprises ? Je ne vois pas de meilleure manière de présenter les choses et d'aller au cœur du problème français.

On répète souvent que le « gothique » est redevenu à la mode longtemps après qu'il ait été redécouvert par les auteurs britanniques — Horace Walpole —, et exalté par les Allemands — Goethe. C'est exact en ce sens que la littérature est venue tardivement à la célébration du Moyen Âge avec le Chateaubriand du *Génie*, Volney, Hugo..., mais comme d'ordinaire, les Français reprenaient goût à une partie de leur patrimoine, parce qu'il était apprécié, visité, dessiné, exploré par des voyageurs voisins à l'esprit plus alerte. Et ils avaient, comme par hasard, oublié pendant l'exaltation néoclassique des « Lumières » que le « gothique » avait toujours eu des défenseurs en tant qu'architecture « nationale ». Il fallut un siècle de polémiques entre les historiens allemands et français pour que cette évidence puisse reparaître.

L'amour du plaisir
La frivolité et l'amour

« La dévotion est le dernier de nos amours », disait Saint-Evremond.

Port-Royal :
« C'est un vallon affreux tout propre à faire son salut. ».
Mme de Sévigné, 26 janvier 1674.

Nous ne manquons pas de relais pour marquer la continuité.

Une preuve parmi cent autres est fournie par la *Vénus endormie* de Le Sueur (vers 1635-1640, San Francisco), un chef-d'œuvre voluptueux dont le cadre octogonal indique l'encastrement dans un cabinet. Le visage perdu dans l'ombre sous le reflet d'un lourd rideau cramoisi, le Cupidon armé en mouvement discret, la pose abandonnée, la finesse de l'épiderme nacré, d'un charme érotique peu commun, tout annonce les *Odalisques* d'Ingres, grand admirateur de Le Sueur.

Le peintre qui, dans le cadre de la composition bien enchaînée, est le plus attentif à la grâce féminine — Charles de la Fosse (1636-1716).

Le culte, pour ne pas dire l'adoration de la beauté féminine, avait été célébré par les troubadours, et, avec eux, diffusé dans tout l'Occident.

Le même culte, la même adoration, reparaissent à la Renaissance mais autour des représentations peintes, des images. Et l'art français s'est illustré à Fontainebleau.

Boccace a été abondamment illustré en France au XVe : la nouvelle de Cimon et Ephigénie (V, 1) légèrement grivoise, où un rustre tombe en arrêt devant trois filles nues endormies, est retenue par les miniaturistes.

La *Dame au bain* de François Clouet et les nombreuses variantes de *Dame à la toilette* (Dijon, Worcester, ca. 1550) ont connu le succès par la gravure.

Le modèle vénitien de la *Vénus* est transposé en une beauté froide, le nu couché en buste, la composition en icône de genre avec le luxe : bijoux, miroir ouvragé.

Le *Thrésor des Livres d'Amadis* (1559-1685) « eut plus d'effet sur la classe supérieure française inculte que tout autre ouvrage de "courtoisie" ». Selon E. Bourciez (cité par John O'Connor, 1970, p. 62).

Nulle part, semble-t-il, on ne trouve de si bonne heure une attention précise aux attitudes féminines, aux jeux de la toilette et du costume, comme nous pouvons en juger par la miniature et la sculpture.

Avec Watteau tout ce qui entoure, accompagne, approche la grâce féminine
quelques talismans pour les poètes
l'*Indifférent* pour Claudel

Le mot clef qui traverse toute l'époque, le mot incantatoire n'est pas grandeur mais grâce. Roger de Piles a marqué avec force la valeur de la *grâce*, qui outrepasse la beauté. Elle appelle à un contact affectif à la fois intense et fugitif, enchanteur et inaccessible. D'où une attitude plus souple de la critique, comme on la trouve chez l'abbé Du Bos.

Quand Baudelaire offre au moderne la seule issue à son tourment, qui serait de l'attacher au *fugitif*, il obéit sans le savoir à un réflexe ancien : échapper aux impulsions du romantisme, cueillir l'immédiat dans sa fleur, si l'on peut dire ; le souvenir de miniaturistes comme Pucelle, de sculpteurs comme Goujon, de peintres comme Watteau vient illustrer ou, du moins, encourager cette proposition.

L'Hélène des sonnets de Ronsard
les « sylphides » de Chateaubriand
« Eva, qui donc es-tu ? » de Vigny
« Ô femme, mammifère à chignon, à fétiche » de J. Laforgue

Toutes ont des correspondances dans la peinture et inversement l'immense galerie de la féminité, plus souvent mince qu'opulente, nue ou fardée, coquette ou grave, semble renvoyer sans peine — et parfois explicitement — à des modèles littéraires, donc à des rêveries empreintes d'imaginaire.

Les moments les plus justes et les plus nobles de l'art français sont sans doute ceux où le registre choisi est celui de la fugacité du bonheur, l'instant poignant où la joie qui envahissait le cœur et les sens est ou va être perdue.

L'adieu de Diane amoureuse à Endymion quand le char radieux d'Apollon chasse le voile bleu de la nuit (Poussin, 1628, Detroit).

(Pigalle, Delacroix...)

Seul un Français léger pouvait prononcer la phrase : « Un beau visage est le plus beau tableau du monde. »

À l'étranger, l'art français est souvent considéré comme un hommage soutenu à la féminité.

Dans la description des plaisirs pris par la belle Oriane et Amadis, le texte espagnol [XVIᵉ] est bref et précis ; l'adaptateur français, d'Herberay (1540), y introduit la volupté, en brodant par exemple sur ce qui enchante le héros : deux petites boules d'albâtre vif le plus blanc et le plus doucement respirant que Nature fit jamais.

Une ardente inclination à célébrer la féminité. Et avec succès. Le comportement des dames et les ressources de la mode intervenant pour donner toujours plus d'éclat et de grâce au costume, aux attitudes.

On ne sait jamais si la peinture a créé le type féminin ou s'il a inspiré les peintres. Les deux sans doute. Mais on sait rarement avec précision qui a inventé la nouvelle silhouette, le nouveau bijou. On sait mieux qui l'a diffusé. Le flux de la mode entretient l'excitation et la négligence. Un monde de légèreté.

Il n'est rien de plus construit, de plus fastidieux, de plus banal, de plus vrai que ce jugement.

La galanterie la plus crue a toujours été de mise, avant la vague de préciosité au XVIIᵉ et la vague puritaine au XIXᵉ.

L'*Heptameron* nous rappelle combien sont prises au sérieux les choses de l'amour.

Vers 1640, il y eut en littérature comme en peinture

une obsession de l'héroïne, de la femme conquérante, qui fait pièce aux cavaliers, aux gens de guerre. La vogue de la *Jérusalem céleste* où ce motif était supérieurement exploité, y fut pour beaucoup. En art, nous n'eûmes guère de ces Salomé et de ces Judith que — sans compter la cruelle Artemisia — les peintres italiens avaient multipliées. (Cf. I. Mac Lean, *Woman Triumphant : Feminism in French Literature, 1610-1652*, Oxford, 1977)

À l'Arsenal, chez la maréchale de la Meilleraye, il y a un cabinet orné de quatorze portraits de « femmes fortes » dû à un collaborateur de Vouet (vers 1645) : cette suite flatteuse, en accord avec un fort courant littéraire, célébrait les héroïnes de Judith à Jeanne d'Arc, en y adjoignant la maréchale.

Pourquoi faut-il que l'un des plus exquis livres peints du répertoire français soit le *Cœur d'amour espris* ?

Les compositions les plus célèbres du XVIe sont les suites de *Dames au bain*.

Les gros banquets pleins de francs buveurs sont constants aux Pays-Bas, rares en France.

Mais le verre, le buveur délicat, la table servie sont de bonne heure l'objet de l'attention des artistes. Simple reflet d'une attitude sensible, mais assez tôt apparaît l'analogie entre la cuisine et la peinture (Chardin).

Et la cuisine ? On ne voit pas *a priori* pourquoi il faudrait, dans une étude sur l'art tout court, s'interroger au sujet des « arts apiciens », comme on disait chez les doctes. Mais les mœurs de la table sont un aspect trop voyant et trop constant du mode de vie, et le raffinement gastronomique est devenu depuis l'époque classique un trait trop appuyé de la vie française pour qu'on n'en tire pas une indication utile.

« Là-bas, on apprécie et on recherche les gens gais, enjoués, bons vivants, aimant la compagnie et les banquets. » (Salviati, en 1556-1557 ; Cf. Vasari, 9, p. 73)

L'étiquette toute faite dont le Français est généralement affublé est celle de la galanterie.
Après tout, le *Dom Juan* de Molière est adapté de l'espagnol et ne devient une figure exceptionnelle qu'avec l'opéra de Mozart (1787).
Valmont doit beaucoup à Lovelace de Richardson.

« Noble et heureux effet de la philosophie pratique et naturelle dont les Français font un si noble usage pour le bonheur de la vie sous l'apparence de la frivolité. » (Casanova, l. 29, p644)

« La vanité et le bonheur sont incompatibles », lit-on dans *Les Liaisons dangereuses.* Est-ce la raison pour laquelle ce pays, que tout invite à être heureux, est indéfiniment mécontent ?

Le rire n'a jamais été très innocent. Il éclate sur un fond de moquerie, et cette moquerie est volontiers agressive ou insolente, destinée aux autorités, religieuses ou non, sociales ou non. Mais enfin, le rire est une réaction primordiale, ancienne, dont les *Fabliaux* et les « drôleries » irrévérencieuses de la sculpture et de la miniature attestent la validité.

Nous oublions probablement trop facilement la brutalité, la violence, la grossièreté des mœurs qui seules peuvent expliquer les fortes gauloiseries des conteurs et l'horreur des luttes religieuses. Cet aspect de la société française est occulté par l'effort du milieu royal qui visait précisément à donner un ton nouveau, des manières, un rituel. Mais nous sommes obligés de rappeler ce courant épais, vivace, un peu fangeux, du populaire, pour rendre compte de toutes sortes de manifestations qui éclatent.

L'époque est tout sauf bégueule. Les illustrations fortes ne manquent pas, ni les facéties scatologiques enregistrées par les « miséricordes » des stalles, ni les caricatures extravagantes et cocasses qui accompagnèrent les conflits de religion. Ce serait une grande illusion de croire que la « courtoisie » et les mœurs châtiées ont triomphé grâce à l'exemple brillant mais factice de la cour. En fait, l'effort de celle-ci et de tous les éducateurs aristocratiques qui multiplient livres et manuels, ne se comprend que par rapport à une vitalité mal contrôlée et, si l'on peut dire, à une tradition de solide grossièreté.

XVIIe. L'absurde, le burlesque et sous des voiles assez transparents, l'indécent, est réservé au ballet, au déguisement.
Bouffonnerie, théâtre de la foire

Les *airs* (de Lully) faciles à se rappeler et traduits aisément en *vaudeville,* la sorte de chose qui compte tellement dans le goût français.

« Le Français né malin, créa le vaudeville » avait écrit sans hésiter Boileau (*Art poétique*). (Cf. *Almanach des spectacles de Paris,* Paris, 1780, pp. 54-55)

L'Intendant des menus plaisirs règle toutes les activités de spectacle. Il ne perdit jamais son importance, malgré la courbe décroissante de son rôle sous Louis XV. Denis Papillon de la Ferté (1727-1794) s'efforçait de lui conserver sa raison d'être dans des rapports qui justifient les dépenses occasionnées par les fêtes. Son Journal est un document précieux de cette continuité forcée (*L'Administration des menus plaisirs*, Journal, 2e éd. Boysse, Paris, 1887)

En 1768 il est décidé, sur l'instance de la duchesse de Villeroy, de donner une fête à l'Orangerie de Versailles. Challe, dessinateur de la Chambre, travaille selon les idées de la dame, fille du duc d'Aumont. Les frais du spectacle : feu d'artifice, scénario de bataille à la pièce d'eau des Suisses..., paraîtront insensés et le Roi demandera que tout se tienne à l'intérieur du château ; dans le dossier qui a été conservé un projet pour le feu d'artifice mérite l'attention : un temple rond périptère, couronné d'une balustrade, entre deux colonnes, une vaste colonnade semi-circulaire encerclant le tout.

La foule, sortant du Palais-Royal, court *À la Civette* remplir les tabatières. C'est la duchesse de Chartres qui l'a mis à la mode.
Commentaire :

« On ne fait point de paradoxe en disant que le Français serait plus sage s'il avait moins d'esprit. Les dieux qu'on adore ici [...] sont la nouveauté et la mode. » (Casanova, l. 29, p. 639)

Goethe s'amuse du petit marquis français qui papillonne avec ses lettres de recommandation et ne sait rien apprécier par lui-même (1786). Ce ne sont plus chez les nobles de province que s'exerce le snobisme. Mais rien n'a beaucoup changé.

Il n'est pas sage de s'engager dans l'étude de l'art

français — et aussi bien de la littérature française — si l'on n'a pas mesuré la persistance surprenante du romanesque dans la culture de ce pays, qui a réussi à convaincre le monde par ses dédains ironiques qu'il a le don du bon sens. À peine l'unité politique (nous ne disons pas : nationale) se dessine-t-elle au cours du XIIe, qu'une invasion poétique sans précédent diffuse dans toutes les cours seigneuriales les thèmes de la courtoisie.

Le « chic » parisien pour les objets à la mode.

Dans les comptes de François Ier, les paiements aux orfèvres et aux joailliers, aux tapissiers, pour la haute couture, et le meuble font plus que la politique pour expliquer la prééminence de Paris.

Un des traits récurrents, objet d'admiration et d'exaspération immédiates, de la production littéraire française, se nomme préciosité : la virtuosité verbale, la perte du sens au profit de l'enchantement des mots.

L'évêque de Saluces écrit à Cosme Ier de Médicis que les affaires n'ont pas de place dans la vie de cour en France.

« On ne pense qu'à la chasse, aux femmes, aux banquets et aux déplacements. » (Cf. Knecht, d'après Terrasse, vol. III, p. 23)

À Bayonne, le 25 juin 1565, un tournoi mettant en lice huit gentilshommes britanniques et huit Irlandais spécialement venus à cette fin et portant des médaillons à noms grecs et latins tinrent un grand tournoi sur le thème d'Amour et Vertu.

L'art de mourir

Le besoin de définition, de théorie n'oublie pas ce grand domaine.

Les monuments funéraires constituent une série sérieuse, continue, parfois éclatante qu'on n'en finirait pas de classer, de commenter et d'illustrer, tant elle est diverse et continue.

Ce n'est pas la mort, telle qu'on l'approche dans le Nord ni la commémoration glorieuse, finale, du monde romain.

Claude François Menestrier s'est proposé de mettre en théorie la pratique des décors emblématiques dans les fêtes et dans les cérémonies funèbres.

Mais il n'approuve pas la simplicité élégante dans laquelle Berain dressa en 1683 le catafalque de la reine : une grande urne portée par des allégories, et donna dans son traité *Des décorations funèbres* (Lyon, 1683) des consignes encore plus complexes.

Seulement, les temps avaient changé et l'éloquence décorative des peintres était peu à peu refoulée.

La détresse du trépas, de la séparation doit être manifestée. On se contentera longtemps des emblêmes macabres : le crâne et les os croisés ; les gisants interviennent tard, une sorte d'équilibre entre la célébration de la gloire terrestre et la gratification céleste.

C'est par ce qu'il n'est pas que le tombeau français se désigne le mieux.

Le cérémonial de l'enterrement des rois de France a pris une forme très particulière au début du XVe (enterrement de Charles VI, 1422), au début du XVIIe (Henri IV, 1610).

Un cérémonial qui, durant près de deux siècles, joua un grand rôle dans les funérailles royales est l'homme à l'effigie. Il est entièrement d'origine anglaise. La date de cet emprunt capital peut être précisée : 1422 ; à la mort de Charles VI, le duc de Bedford, régent au nom du roi d'Angleterre donna des instructions pour l'enterrement en accord avec ce qui avait été observé pour la mort du roi franco-anglais, Henri V. (Cf. E. Kantorowicz, *The King's two Bodies, a Study in Medieval Political Theology*, Princeton, 1957 ; trad. fr. Paris, 1989)

On ne peut guère aborder correctement l'art de ce temps en fonction de la monarchie, sans une analyse préalable de la place et des modes de l'imaginaire royal. Une étude ancienne et mémorable sur « les deux corps du Roi » a judicieusement attiré l'attention sur la figure impérissable qui s'incarne successivement dans ses représentants mortels. C'est là la clef d'un cérémonial funéraire, qui a pris au XVIe une importance remarquable, à mettre évidemment en relation avec le style des grands tombeaux.

Mais, en présence de cette situation étonnante, on a eu le tort de concevoir toute l'iconographie monarchique à partir de cette conception « sacrale » et de ne pas laisser à l'*imaginaire* qui accompagnait la personne royale, avec sa silhouette, ses goûts, ses actions propres, l'élasticité, la richesse et la fantaisie qui lui étaient propres. Une étude novatrice a montré ce qu'il en était pour François Ier.

Si l'on veut bien remarquer que la pratique des funérailles avec effigie cesse précisément au XVIIe, comme d'ailleurs les grands tombeaux royaux, il est clair que l'éclairage de l'emblématique et de l'appareil symbolique a changé.

La preuve en est que le cérémonial inventé par La Feuillade à la place des Victoires en 1686, fut jugée comme ridicule.

Une savante étude a indiqué dans la curieuse procédure du « corps dédoublé » aux funérailles royales, un principe de « sacralisation » de la fonction royale, dont est issue la doctrine de l'absolutisme. Mais on n'a pas assez pris garde au fait que cette dissociation du corps mortel et du mannequin qui est sa version « immortelle » a justement pris fin au XVIIe.

En 1643, à la mort de Louis XIII, « pour la première fois depuis deux siècles, on n'eut pas recours à l'effigie royale rituelle » ; un « lit de justice » pour la présentation, une petite médaille ou *jeton* avec l'image d'un Phénix, suffirent à indiquer la transmission instantanée du pouvoir. Ni Henri IV, ni Louis XIII, ni — fait remarquable — Louis XIV n'ont eu droit aux tombeaux qui ont fait la gloire des Valois. L'extraordinaire appareil de célébration constitué avec tant de maîtrise autour du prince ne s'explique pas seulement, comme on l'expose parfois, par l'extension à la figure royale de modalités de la liturgie chrétienne. Dès 1685, d'autres ressorts sont perceptibles et la suite l'a bien montré. Tout n'est pas à prendre au pied de la lettre dans les conventions de la pratique officielle. Des écrans symboliques assez différents réclament notre attention.

Le roi « imaginé » dont parle Giesey dans le cérémonial et dans la vie de cour, est une fiction qui a pesé énormément sur les modes de représentation. (Cf. R.E. Giesey, *The Royal Funerary Ceremony in Renaissance Française*, Genève, Droz, pp. 191-192. Il y a lieu de limiter en ce sens les conclusions qui en ont été tirées par L. Marin, *Le Portrait du roi*, Paris, 1981)

Ce n'est pas par hasard que les plus belles créations de la sculpture française sont des tombeaux.

Pourquoi faut-il que quelques-uns des chefs-d'œuvre de l'art français les plus émouvants appartiennent précisément à l'art funéraire ?

C'est dans le dernier quart du XVIIIe que s'est déclaré un débat général sur les sépultures. On estime que les cimetières *intra muros* sont méphitiques, dangereux pour la santé publique, sans parler des caveaux à l'intérieur des églises, qui sont unanimement dénoncés. En quelques années, se précise un changement d'attitude à l'égard des restes mortels, dont on a des témoignages remarquables dans presque toutes les grandes villes. Le temps des « aîtres » médiévaux s'achève. À Paris, c'est le sérieux problème du cimetière des Innocents, qui est fermé en 1780 après des années de discussions, et l'on ouvre des cimetières à Vaugirard, à Montmartre. De même à Toulouse, à Caen, à Lyon... Toute une littérature se développe sur le sujet et le problème de l'art funéraire devient plus actuel que jamais. « Il est du plus grand intérêt des mortels d'écouter les leçons que leur font les morts. C'est sur leurs tombeaux qu'il faut aller se convaincre de la fragilité des choses humaines » écrivait déjà Porée dans ses *Lettres sur la sépulture dans les églises*, Caen, 1745. (Cf. R. Favre, *La Mort dans la littérature et la pensée françaises au siècle des Lumières*, Lyon, 1978)

La pyramide présente « l'image triste des monts arides et de l'immortalité » (Boullée). C'est l'un des grands motifs typologiques de l'époque.

L'idée du tombeau élevé comme un tempietto au sein de la nature, traitée naturellement à l'anglaise s'est fait jour au XVIIIe : Rousseau à Ermenonville avec l'introduction de peupliers venus d'Italie au milieu du siècle, Court de Gebelin à Franconville.

Deux aménagements mémorables confirment l'importance de ces préoccupations et leur relation directe avec l'activité artistique : le plan du cimetière de Mont-Louis (Père Lachaise) par Brongniart — ce parti du jardin des morts, fleuri et bien ordonné a enchanté le XIXe : « Le terrain s'est si habilement disposé sous le crayon de M. Brongniart que rien de lugubre et de sinistre ne vient attrister les yeux » (Richard, *Le Véritable Conducteur aux cimetières du Père Lachaise, Montmartre...*, Paris, 1836) — et la réalisation, sur le modèle d'un parc funéraire, du jardin-élysée d'Alexandre Lenoir, destiné à recueillir — et à présenter — les vestiges des monuments anciens.

Le tableau d'Hubert Robert (1794, Carnavalet) en a capté l'atmosphère.

Comme dans toutes les autres contrées de l'Occident, les opuscules illustrés sur « l'art de mourir » ont répandu dans les demeures riches ou modestes les images des fins dernières. Cette production fut particulièrement abondante à la fin du XVe : « l'art au morier » et à la fin du XVIIe (où Henri Brémond en fait une étude littéraire célèbre). On a porté récemment beaucoup d'attention aux testaments, aux cérémonies, aux usages qui entouraient le trépas dans les siècles passés, mesurant ainsi — selon les paroles de Lucien Febvre — « l'abîme qui sépare les coutumes et sentiments des gens d'alors et de ceux de notre temps ». Ceci amène à s'interroger sur la part de la mort, la présence de la mort, la transfiguration de la mort dans l'art français. On n'hésitera pas à dire que c'est l'un de ses grands et nobles aspects, précisément l'un de ceux où, une fois le motif créé, les variations se multiplient, les trouvailles s'enchaînent et un certain « style funèbre » s'établit. Naturellement, il y a des tombeaux plus ou moins comparables dans toute la chrétienté. Mais c'est ici un des domaines où les « deviseurs » et les sculpteurs du pays ont eu le plus d'initiatives qui ont été accueillies alors.

On pardonne difficilement à Diderot d'avoir si mal perçu le chef-d'œuvre de la sculpture funéraire en France : le tombeau de Maurice de Saxe[1].

Depuis vingt ans, de remarquables études ont cerné et révélé ce problème par tous les moyens à la disposition de l'historien. Le matériel est, par définition, inépuisable. Il semble toutefois qu'on a eu recours de façon trop « illustrative » au matériel figuré, comme s'il était un simple témoignage parmi d'autres. C'est une illusion de l'historiographie. Toutes les classes de

1. Sa critique du modèle présenté au Salon de 1767, Salon III (éd. 1963), p. 326. Il aurait voulu le lit mortuaire avec deux soldats, Hercule et une « France ».

la société vivaient dans des villes ou des villages, ou des hameaux, où l'église avec ses tombes et ses statues était le lieu de passage obligé de toute mort, et le cimetière son lieu de repos. Comme les chants et les couleurs du deuil, les scènes et les gestes sont préfigurés, pour ne pas dire programmés et non pas seulement représentés à l'occasion. Les images du trépas dans la paix ou dans la malédiction, les « pompes » de l'Église, les monuments qui les prolongent, tout ce qui nous documente aujourd'hui sur les « attitudes » d'hier — à côté des testaments, des livres paroissiaux et des récits, qu'on a si utilement analysés — doit être perçu comme l'accompagnement de l'expérience générale de la mort. (Cf. R. Favre, *La Mort dans la littérature et la pensée française au siècle des Lumières*, Lyon, 1978, et les travaux de Ph. Ariès, P. Chaunu, M. Vovelle, etc., étudiés par John Mc Manners, « Death and the French Historians », *Mirrors of mortality*, Londres, éd. J. Whaley, 1981)

Les grands sculpteurs de la mort :
Cardinal Lagrange, Saint-Martial d'Avignon, 1402,
Germain Pilon, V. Balbiani, 1572-1582
Pigalle, tombeau d'Harcourt, *ca.* 1770, Notre-Dame
Rude, Cavaignac, cimetière de Montmartre, 1847
Bartholomé [Jean-Jacques Rousseau, Panthéon, 1912]

La seule méthode possible consiste à rechercher autant qu'il se peut les comparaisons avec les formules en usage chez les voisins et les solutions contemporaines, en essayant chaque fois d'apprécier parallélisme et divergences. L'histoire de l'art français ne peut se faire comme le déroulement d'un seul et même fil. La trame, qui recoupe horizontalement la chaîne, compte parfois autant que la tenue de celle-ci.

Un exemple : dans les tombeaux des XIVe et XVe s., la vogue, si l'on peut dire, des *transis* est générale dans tout l'Occident, pour l'horreur du trépas et l'abaissement de la chair. Ils sont d'ordinaire présentés en pleine décomposition. Les viscères rongés par les vers. En France comme ailleurs. Mais très tôt des différences apparaissent. Sur un sépulcre de La Sarraz (Vaud), le gisant du gouverneur du Chablais, on observe la face couverte de quatre crapauds ; serpents et crapauds se trouvent souvent en Allemagne, pour symboliser le péché, le mal (*Frau Welt*, vers 1300, Worms), mais jamais, semble-t-il, en France dans la sculpture funéraire. De plus, quand la tombe est dédoublée en deux étages : le cadavre surmonté de la « représentation en vif », le priant agenouillé au lieu du mort étendu en vêtement noble apparaît au tombeau de Louis XII, et les gisants eux-mêmes vont apparaître au tombeau d'Henri II dans une beauté tragique sans précédent. Il y avait donc une attention particulière à la mort.

On célèbre la vanité de toute grandeur terrestre dans un cadre monumental, semé d'armoiries. En outre, la position du roi-cadavre reprend celle de l'effigie de Robert le Sage (mort en 1343) à Santa Chiara de Naples.

La mode et les métiers

Les fantaisies de la coiffure féminine se manifestent hardiment au milieu du XIVe et durèrent jusqu'au XVIe sur le thème des superstructures que l'on a appelées le *hennin* aux « cornes merveilleusement hautes et longues ». Elles furent développées avec enthousiasme à la cour d'Isabeau qui fut, à tant d'égard, le lieu privilégié des extravagances. Les couturiers sont ici les artistes. Les miniatures et quelques portraits nous instruisent sur leurs proportions surprenantes. Les représentations des dames de qualité ainsi parées servaient le prestige des intéressés : elles se répandaient comme des modèles, selon le principe de circulation accélérée, que l'on a déjà reconnu. Mais il vaut la peine de noter que ces développements spectaculaires de la mode, comme les décolletés trop accusés, les robes fendues, etc., se perpétuaient en dépit des condamnations répétées du clergé. La *mode* possède un mouvement propre ; c'est une force en action, qui traverse les interdits, et, dans le domaine du costume, joue un peu le même rôle émancipateur — ou jugé tel — que les fantaisies du décor dans les marges. Une respiration du plaisir, lié au goût du luxe, de la dépense gratuite et du spectacle.

La mode est donc une entité à la fois constamment

présente et presque impossible à cerner dans toutes ses ondulations. Elle peut faire soudain pénétrer dans la pratique d'un milieu aussi fermé et serré qu'est une cour princière, une bizarrerie exotique. Ce fut probablement le cas avec le *hennin*. Elle résiste aux obstacles des autorités. Elle agit par injonctions rapides, avec diffusion et accélération. Un exemple pris dans un autre siècle illustre assez bien ce mouvement assez caractéristique, finalement, de la vie française.

Nous sommes à l'extrême fin du règne de Louis XIV. Morosité, somnolence et détresse communes. À la venue d'une ambassadrice anglaise extravagante en 1713, les coiffures féminines changèrent brusquement de forme. La page de Saint-Simon qui le signale est d'un haut comique : « Elle trouva les coiffures des femmes ridicules et elles l'étaient en effet. C'était un bâtiment de fil d'archal, de rubans, de cheveux et de toutes sortes d'affiquets, de plus de deux pieds de haut, qui mettait le visage des femmes au milieu de leur corps, et les vieilles étaient de même, mais en gazes noires. Pour peu qu'elles remuassent, le bâtiment tremblait et l'incommodité en était extrême. Le Roi, si maître jusque des plus petites choses, ne les pouvait souffrir ; elles duraient depuis plus de dix ans sans qu'il eût pu les changer... Ce que le monarque n'avait pu, le goût et l'exemple d'une vieille folle étrangère l'exécuta avec la rapidité la plus surprenante. » (Saint-Simon, IV, p. 593)

La vogue des châles de cachemire imités de fines étoffes indiennes fut lancée par Joséphine sous l'Empire et entraîna toute une production spécialisée dont on a pu reconstituer l'histoire à Mulhouse et à Lyon. Des portraits d'Ingres : *Madame Rivière* (1805), à celui de Madame Gaudibert par Claude

Monet (1868), l'emploi du châle de soie à palmettes multicolores et à motifs végétaux associés aux motifs à dédoublement symétrique de l'art de l'Asie.

Un filet d'orientalisme était ainsi propagé par la mode française[1].

« Elles sortent de chez la reine qui va dîner, et elles marchent si mal parce que leurs pantoufles ont des talons de six pouces de haut, ce qui les oblige à marcher les jarrets pliés pour ne pas tomber sur le nez.
— Pourquoi ne portent-elles pas de talons plus bas ?
— C'est la mode.
— Oh ! la sotte mode. »
(Casanova, L. 30, édition de la Pléiade, p. 661)

La « mode » — sans autre précision — c'est-à-dire la *mode* par excellence concerne le vêtement, son style et son perpétuel renouvellement. Avant tout mais non exclusivement en rapport avec la demande féminine. Le monde entier sait qu'il n'y a pas de pays plus attentif à cet aspect de la vie sociale, plus actif dans la recherche d'un nouveau « look » (comment se fait-il qu'on n'ait pas encore adapté ce terme ?), plus abondant en trouvailles, en publications spécialisées faisant appel à des artistes notoires.
Il s'agit, bien entendu, ici des milieux sociaux qui non seulement ont les moyens mais aussi et surtout le goût de la dépense somptuaire. La littérature française est pleine depuis le XIVe des critiques ironiques émanant du bas peuple, de la bourgeoisie « sérieuse » ou de sages aristocrates retirés dans leur terre, contre les futilités et les extravagances du costume.

1. M. Lévi-Strauss, *Les Cachemires. L'art et l'histoire des châles en France au XIXe siècle*, Paris, 1987.

Le tailleur a été l'un des artisans-artistes les plus appréciés au cours des âges, avec à Paris des quartiers ou en tout cas des rues spécialisées. Comme souvent dans l'histoire française, une période critique vaut une recherche comme pour défier le mauvais sort : l'an 1400, les années 1620, la Régence, le Directoire.

Les modèles circulaient d'abord de cour en cour, de château en château, sous forme de *poupées* vêtues. Au XVIIe, les spécialistes de la présentation en estampe ne sont rien moins que Jacques Callot et Abraham Bosse, chroniqueurs de la « Galerie du Palais » (la comédie de Corneille est de 1633), où s'exhibent les gandins et les demoiselles élégantes. Il suffit de nommer Watteau pour indiquer l'ampleur des compositions, la qualité des soies et des dentelles, le charme des robes et des multiples petits éléments qui font les silhouettes modernes.

Ce qu'il y a probablement de plus difficile à concevoir pour aborder la « culture » française avec ses mouvements propres, ce sont, avec le poids des modes, les brusques changements de goût, dont on se demande comment ils peuvent coexister avec les tendances normatives et doctrinaires dont il vient d'être question.

IV : Une nation oublieuse : l’art et son histoire

Une activité sans chroniques

L'amnésie est un phénomène universel. Chez les individus et chez les peuples. Avec un caractère curieusement sélectif : l'oubli porte sur certaines expériences, certains domaines. Les philosophes ont relevé le fait qu'il s'agit là d'un processus essentiel à la vie.

La littérature et l'« art » n'ont pas des parcours nécessairement parallèles.

Les synthétistes du « Zeitgeist » ont créé autant d'illusions de perspective, dont la théorie des « mentalités » et de l'histoire totale est loin d'avoir toujours su se dégager.

Il n'y a en France qu'un véritable représentant de l'esprit national : l'homme de lettres, l'écrivain. Aucune nation, a écrit E.R. Curtius, n'accorde une place comparable à la littérature, ou, plus exactement, à la fonction littéraire, puisqu'à la différence des grands pays voisins, aucun auteur n'incarne, même symboliquement, l'essentiel. La France est en perpétuel état de dialogue, et pas seulement en fonction du débat Montaigne-Pascal, auquel Charles Du Bos souhaitait de durer aussi longtemps que possible. Mais avec un résultat original : la « religion des lettres ». Ce qui ne donne pas de chance à une religion de l'art, qui ne soit pas convertible en termes intellectuels, c'est-à-dire édifiée par la critique. Et là est notre malheur.

« Les arts en France ne sont pas comme ailleurs natifs du pays même où leurs beautés se développent. » (G. de Staël, *De l'Allemagne*, 1810)

« Comment le génie [aurait-il] trouvé son essor dans un travail où la mémoire et l'érudition sont si nécessaires ? » (G. de Staël, *Corinne*, 1807, p. 135)

La France est semée d'innombrables traces, témoins, souvenirs, images d'une activité « fabricatoire » de plus de deux mille ans. Mais cette manne d'objets et de formes, cet ensemble qui colore et rythme le pays, fonctionne dans la mentalité française comme un *subconscient*. Il n'affleure que rarement à la surface, décor implicite ou, selon la formule, environnement de ce qui se dit et de ce qui se fait, cadre non-vu, refoulé, négligé en faveur de ce qui compte par priorité pour les esprits — ceux des classes favorisées comme des autres — : les idées, les discours abstraits et les vues générales, l'emportement de la parole indifférente au lieu où elle se produit, ou plus simplement la commodité immédiate.

La continuité des métiers et des procédés de travail liés à la permanence des habitats, à l'enchaînement des générations.

Le caractère non seulement complexe mais proprement contradictoire des comportements qui peut se résumer par l'opposition simpliste d'un intellectualisme dominé par l'amour des systèmes culminant dans les synthèses universitaires, et le goût de la jouissance, de l'agrément immédiat, tendant à infléchir les nécessités du quotidien.

La conviction que le traitement de l'espace vécu par l'immense production et distribution de l'œuvre artisanale, par l'illumination des esprits à travers des représentations impératives et durables, ce qu'on groupe avec plus ou moins de rigueur sous le terme d'activité artistique, est un des facteurs de l'identité française. Seule une prédilection obstinée pour le verbal et le littéraire a pu le faire négliger.

La seconde conviction — relevant finalement de l'évidence — est que toute cette énorme activité est à la fois cause et effet, conséquence et principe.

À de rares exceptions près, tous les ouvrages français qui ont eu la marque de la perfection et ont formé, si l'on peut passer le mot, des *paradigmes* historiques, tous ces ouvrages sont en fait apparus au terme de tâtonnements, de modifications, de reprises, dont l'analyse est aussi révélatrice que délicate.

Situation difficile mais essentielle à saisir : une vision globale, élevée, convaincante s'impose au milieu des hésitations et des erreurs ; elle rayonne partout et finit par engendrer ces notions fortes, faussement historiques, mais fascinantes qu'on appelle : le « gothique », l'art de Versailles.

Il faut évidemment en tenir compte. Mais le rôle de l'histoire — en tout cas, celui qu'on propose ici — est moins de célébrer ces réussites, que d'en explorer le processus et de dégager le jeu plus ou moins subtil des contradictions dont a surgi l'ensemble qui prend le caractère d'une synthèse absolue.

Il y a quelque chose de fascinant à sentir le pays s'élever à la grandeur.

Après 1760, il est émouvant de le voir se jeter dans un monde brutalement nouveau par les formes avant de tenter de le réaliser par les faits.

D'abord les philosophes, puis les Révolutionnaires.

« C'est en raison de leur conscience du pouvoir de l'émotion qu'ils furent amenés à enrôler les arts au service de leur cause. » (James A. Leith, *The Idea of Art as Propaganda in France. 1750-1799. A Study in the History of Ideas*, Toronto, 1965)

Un des textes les plus révélateurs est le roman d'anticipation de L. Mercier intitulé *L'An 2440* paru en 1770. Après un sommeil de sept cents ans, l'auteur s'éveille dans un Paris propre, aéré, avec un palais du Louvre terminé, et doté d'une belle place ; la Bastille a disparu ; le roi se conforme à l'idéal du « philosophe ». C'est l'éducation qui a accompli tout cela avec des écrivains à qui « l'État a confié le soin de développer le principe des vertus » et des artistes, réunis dans de superbes salons, où « chacun donne l'équivalent d'un livre moral et instructif » sur des thèmes historiques bien choisis ; « tous les sujets licencieux qui bordent nos cheminées étaient sévèrement bannis », mais il y a des statues éloquentes partout et d'innombrables gravures ne cessent d'« élever l'âme des citoyens ».

La purification des mœurs, la régénération des esprits sont la raison d'être de la Révolution.

Pour cela, il faut que les citoyens comprennent « que tout, jusqu'à leur conduite intérieure et privée, doit être sous la surveillance du corps social ». Contrairement à ceux qui, avec Rousseau, méprisent l'art instrument des vils plaisirs de l'ancienne société, Boissy d'Anglas pense que les arts sont indispensables pour illustrer la cause républicaine et la rendre sensible par des monuments et des célébrations appropriés. (Cf. F.A. Boissy d'Anglas, *Essai sur les fêtes nationales suivi de quelques idées sur les arts et sur la nécessité de les encourager*, An II, 1793)

Plutôt que dans la production des Salons, l'art de la Révolution doit essentiellement être recherché dans l'appareil des fêtes. Il n'y a aucun exemple comparable dans l'histoire universelle à la frénésie avec laquelle dans une période chaude de 89 à 95 se sont succédées les manifestations de ce type. L'exégèse en a été faite, une population accoutumée aux mouvements et aux journées non ouvrables qui les accompagnent. L'instinct révolutionnaire ne pouvait mieux l'exprimer qu'en inversant dans le sens nouveau, la politique spectacle...

En ce qui concerne l'énorme fracture nationale qui se précipita en 1790-1792, avec des manifestations publiques, des fêtes et des figurations à n'en plus finir, l'écart est particulièrement important à étudier, parce que tout l'appareil figuratif formel a été élaboré dans le quart de siècle qui précéda.

La Révolution de 1789 ne constitue pas plus un commencement pour l'histoire artistique française que, comme on l'a vu, la Régence. Les travaux des architectes ou des peintres ne sont jamais suspendus qu'en apparence à l'événement dynastique ou politique. Ils viennent de plus loin : ils supposent des ateliers, des leçons. Certes, il y a des réactions constantes à l'état social mais selon une chronologie un peu différente, plus lente ou parfois plus rapide.

L'extraordinaire convulsion de ces années où rien ne resta intact, le déchirement le plus atroce que le pays ait connu au long de ces troubles, démontrèrent une fois de plus dans le domaine de l'art la force des deux mouvements que l'on a observés au milieu du XVe et à la fin du XVIe, mais en plus violent encore : l'intensification des courants les plus excitants qui ont précédé la guerre civile, et l'exaltation nationaliste.

Au XVe, le maniérisme aristocratique du « gothique de 1400 ».

À la fin du XVIe, le maniérisme au troisième degré.

À la fin du XVIIIe, le « néoclassicisme ». Trois courants répandus dans tout l'Occident, qui comportaient un affinement, une action volontaire, une sophistication toujours plus accentuée des formes. On s'y engage avec une sorte d'ardeur fiévreuse que les difficultés et les drames ne peuvent qu'intensifier. Mais tandis que ce déploiement se poursuit, brille et s'accomplit apparemment sans obstacle, se manifeste dans le pays troublé par les passions contraires et blessé en profondeur la réaction orgueilleuse qui ramène les forces capables de survivre et d'assumer l'autorité, à se concentrer soudain et durablement autour de l'idée d'une nation attentive à son originalité, à sa dignité propre, voire à son primat.

Au XVe, c'est l'épisode de la pré-Renaissance, en 1600, le resserrement qui demandera deux générations, en 1800 la volonté de régir le goût, la culture, l'art de l'Occident avec l'Empire.

Les récurrrences
le néo-gothique,
le néo-roman,
le néo-Renaissance, etc.

La même courbe d'évolution semble s'être imposée au moins par deux fois en France. Pour l'ensemble du Moyen Âge, vu de haut, se dégage assez bien un moment d'activité intense et dispersée (en gros : l'art roman), suivi d'une phase de concentration (relative) qui établit sur de nouveaux frais le rapport avec l'Occident (le gothique) et enfin un mouvement superficiel et raffiné qu'on a cru devoir dénommer « aristocratique », où le gothique connaît une sorte d'élégante dissolution. Cette courbe ne ressemble pas au rythme ternaire, préétabli (du type : expériences, classicisme, baroque) où l'on a cru parfois pouvoir faire rentrer le développement médiéval. Ce tableau est plus souple et adapté au domaine français, mais il est remarquable qu'on en retrouve le dessin original dans la chronique — aussi objective que possible — de l'art des temps dits classiques. À une phase d'effervescence, riche en provincialismes et en essais originaux qu'on peut exalter comme le temps « héroïque », succède l'extraordinaire mise en ordre et reprise en mains qui appelle le titre du « Temps du Roi », avec un surprenant effet de consensus qui en impose à toute l'Europe, alliée ou ennemie ; enfin le fécond accaparement aristocratique des ressorts de la vie artistique suscite un des épisodes les plus exquis et les plus fragiles de la culture française : le rococo et le Louis XV.

C'est sans doute la commodité de la distance historique qui autorise, en dépit de toutes les différences, cette mise en correspondance de deux évolutions dont l'analogie nous paraît dessiner une sorte de loi française. Il n'y a aucune indication que les acteurs du XVIIe et du XVIIIe aient eu conscience de répéter un texte ancien, encore que les références au Moyen Âge, à la maîtrise des architectes gothiques, aux anciens décors de la noblesse, se soient de plus en plus souvent fait jour au XVIIIe siècle. On n'ignore pas totalement la sourde présence d'un passé méprisé pour son art mais constamment évoqué aux sources du pouvoir monarchique et de la religion.

Que cette schématisation d'une évolution, jouant sur les siècles, soit acceptée ou non, il nous semble que dans l'incroyable ignorance où elle s'est tenue de son histoire artistique, la France s'est trouvée jusqu'à une date récente dans une situation assez étrange : manifestée aux yeux de l'Occident puis de toute la civilisation moderne par les témoignages visuels distribués dans tout son domaine, on dira qu'elle ignore quelle part ces productions des siècles peuvent avoir dans sa définition. L'étranger l'appréhende, l'apprécie, l'interprète à travers des ouvrages présents sur son sol ou dispersés dans les musées du monde. La France vue du dehors est pour beaucoup — non uniquement bien sûr — celle de l'art. Mais c'est la face de son identité que la culture française a le moins bien assumé au cours des âges et avec laquelle elle a aujourd'hui le moins de familiarité.

Quand on est entré dans l'âge des études historiques, de beaux travaux ont été élaborés, mais souvent — on le verra — par des aristocrates et jamais avec un large intérêt populaire. De même que les études d'archéologie nationale (« celtique » et médiévale) avaient précédé les nôtres en Grande-Bretagne au XVIIIe, de même, on laissa au siècle suivant des domaines entiers dans l'oubli. (Cf. Philippe de Chennevières)

Mais le temps des vues générales était passé, on ne trouvait pas intéressant au XXe d'explorer méthodiquement l'art des XVIe et XVII^e^s ; cette tâche fut abandonnée aux historiens allemands et aux « connaisseurs » de l'institut Courtauld, à Londres, autour d'Anthony Blunt.

Les notions à l'aide desquelles l'histoire de l'art a entrepris de se constituer en discipline autonome ont été élaborées, au XIXe par les universités de Vienne, de Berlin et de Munich, à partir de l'exemple italien. Elles s'appliquèrent mal au développement français.

L'ambition de composer une histoire contraint à aligner des périodes, mais il faut en même temps les enchaîner.

E. Panofsky : suivre le cours des problèmes plutôt que de codifier les épisodes.

L'historiographie a mis longtemps à découvrir ce qui échappe le plus à sa prise : le non-événementiel, le cours des choses répétées, transmises, déformées.

Si puissante et générale que soit l'activité des métiers dans les villes et dans les cours, il est exceptionnel que le nom et l'éloge d'un artifex apparaisse dans les chroniques. Les artistes n'apparaissent pas parmi les « hommes illustres », à la différence de l'Italie où, cités par les conteurs, mentionnés par les humanistes, ils seront finalement l'objet d'une histoire monumentale, les *Vite* de Vasari (1550, rééd.1568). Il n'y avait et il n'y eut jamais rien d'équivalent en France. C'est un trait capital à retenir.

L'histoire des arts à la Vasari fut traitée avec un grand mépris à l'âge classique : c'est la doctrine qui importait, non l'anecdote. La mise en perspective de l'art en France ne se fit que lentement, à travers des confusions et légendes sans nombre, pour se formuler médiocrement au milieu du XIXe comme un complément à l'histoire des règnes et à celle des « lettres ».

Les verriers, les tailleurs de pierre, les sculpteurs, les peintres, les miniaturistes, etc., sont pour l'immense majorité des anonymes. Ce qui signifie qu'ils n'entraient pas dans la chronique, qu'ils n'appartenaient pas à la catégorie des personnes dignes d'être retenues. Le fait que dans tant d'ouvrages, des équipes successives, souvent sur plusieurs générations, aient eu à intervenir, explique aussi qu'il n'y avait pas d'attribution précise.

Peiresc avait présenté l'intérêt qu'il y aurait à regrouper les informations dispersées.

Mais le premier à concevoir l'enquête générale sur les « monuments » (au sens large) qui s'imposait fut le Nivernais Gaignières (1642-1715), très tôt passé au service de la maison des Guise. Parallèlement à l'étude des sources de l'histoire politique menée par Montfaucon, Gaignières prenait copie des pièces et relevait épitaphes, sceaux, vitraux, tombeaux, objets. Il circulait accompagné d'un dessinateur appointé. Il remplit ainsi des centaines de cahiers, dont il ne parvint pas à faire apprécier l'intérêt. Dans une note adressée en 1703 au ministre Pontchartrain, il soulignait que les « monuments » respectés et conservés avec soin dans tous les états policés commençaient à être détruits ou « détournés » sous de vains prétextes. Il fallait faire cesser cet abus et l'enquêteur souhaitait « un arrêt du conseil pour l'autoriser à certifier les dessins ». En fait, il n'aboutit à rien, et le généalogiste Clairambault détourna une bonne part de la documentation, qui, après bien des vicissitudes, a été recueillie à Oxford et à la Bibliothèque nationale. Cet échec est très significatif : seuls intéressaient les lignages. La notion d'ouvrages qui constitueraient un patrimoine national, en un sens plus large que celui des familles ou de l'Église, n'était pas encore formée.

Roger de Gaignières (1642-1715).

Portraits peints : plus d'un millier, et gravés : deux cent dix portefeuilles de plus de cent pièces chacun. Dessins et estampes concernant tout le matériel de l'histoire : batailles, célébrations ; dont un ensemble particulièrement riche de costumes : deux mille dessins sur papier et vélin.

Le mémoire remis en 1703 au comte de Pontchartrain, chancelier et donc tuteur des Académies, prévoyait une enquête générale sur les « monuments », c'est-à-dire objets et témoins matériels de l'Histoire, afin d'en assurer éventuellement la protection.

Mais le programme ne fut pas retenu. À la mort de Gaignières, une grande partie de ses estampes, dessins et livres fut vendue : les portraits, parmi lesquels un grand nombre peints par le fameux Jamet et par Corneille (de Lyon) disparurent. Et pourtant « les personnes les plus illustres du royaume sont venues voir ce grand amas de singularités instructives » (G. Brice, 1713).

Le Cavalier Bernin proposait de placer le buste de Louis XIV sur un piédestal en forme de globe dont la « globulence empêcherait qu'on ne touchât le buste, comme on a coutume de faire en France, quand on voit quelque chose de nouveau ».

Il y a une gravure où l'on voit en effet l'amateur porter les doigts sur un buste.

L'histoire du Louvre, dans ses étapes depuis 1190 jusqu'à nos jours, illustre les alternances de la volonté politique liée au château du roi et de l'inertie, des lenteurs, des complications, dues parfois aux difficultés financières, mais plus souvent à l'hésitation, à l'oubli des projets anciens.

Les Tuileries.

Après 1871, la lamentable discussion pour savoir ce qu'on devait faire de ces « murs noircis, vestiges de splendeur » ; en 1882, sur proposition du ministre, la démolition fut décidée.

Les vestiges dispersés dans quelques jardins parisiens, avec l'autorisation donnée au duc Pozzo di Borgo d'en emporter en Corse un gros chargement afin d'élever au-dessus d'Ajaccio la Punta : d'admirables pilastres cannelés et corniches (aujourd'hui à l'abandon), suffisent à établir que tout pouvait être conservé.

Chambord.
« La visite de cette extraordinaire construction m'a procuré autant de plaisir que si j'avais été légitimiste. Il y a quelque chose d'intéressant dans tous les mouvements d'un grand système, dans toute manifestation audacieuse d'une tradition. » (H. James, *A Little Tour in France*, 1882)

L'analyste des mœurs de la cour qui nous est indispensable, Saint-Simon, est un maître du raccourci, de l'anecdote féroce, du trait qui fait flèche. Écrivain ? Pour rien au monde. Historien ? Peu lui importe : homme de mémoires c'est-à-dire rassemblant librement ce qu'il a vu et compris. Mais on s'aperçoit vite que cette expérience est biaisée, sollicitée, faussée perpétuellement par la passion du *Duc et Pair* (d'ascendance récente, qu'on lui reproche assez) en face des princes, des maréchaux, des parlementaires. Un cas typique du rapetissement par l'orgueil. Tout y est psychologique. Les quelques passages à valeur concrète — sur lesquels on se jette avec entrain — n'apparaissent que dans la ligne d'une critique personnelle. Le tableau sinistre de Versailles est saisissant, par haine de Jules Hardouin et du roi. D'autres détails, certains traits de mœurs d'un rare piquant, seront cités. Mais la conclusion est inévitable : le duc a deviné, éclairé, restitué le prodigieux réseau d'intrigues qui définit le pouvoir d'Ancien Régime. Il n'a pas considéré les lieux, les intérieurs, les parcs ; ce ne sont pas, selon la tradition, des choses dont on parle. Quand il va intriguer chez le marquis de Maisons « si près de Marly », il n'est pas question d'observer l'architecture sublime de François Mansart.

Les Français sont probablement le peuple le moins apte à la connaissance de l'Histoire ou plus exactement le moins capable de s'intéresser à autre chose qu'aux séquences dynastiques, aux généalogies aristocratiques, aux successions de l'épiscopat, aux événements de la guerre et de la diplomatie, ce qui est la matière normale.

Ce n'est évidemment pas un hasard si les personnalités qui se sont consacrées à l'histoire de l'art français, qui ont organisé la recherche archéologique (Arcisse de Caumont)

découvert les peintres oubliés de la province (Philippe de Chennevières),

conçu et inauguré un inventaire général des ouvrages du passé

et entrepris l'exploration des archives (Anatole de Montaiglon),

étaient tous des aristocrates.

Blaise de Montesquiou-Fezensac et la marquise de Maillé...

Les Italiens avaient abondé dans le genre biographique, installant au seuil de l'âge classique les noms de leurs grands artistes. Rien de tel en France.

L'ignorance à l'égard des vieux maîtres reste de mise ; quand André Félibien publie en 1666 ses *Entretiens sur les ouvrages des plus excellents peintres anciens et modernes*, non seulement il s'agit d'un « grand Choix » de modèles, mais « il compose un Parnasse d'artistes où les Français, et au premier rang Poussin, reçoivent les lauriers d'Apollon sous forme de « vies » dialoguées, dans le style « naturel » à la française, où les conventions de décence et de bon goût voilent doucement les arêtes de ses héros (Cf. Marc Fumaroli).

Quelques grands artistes tentèrent de promouvoir le *statut* de l'artiste Philibert.

Comme en Italie, mais sans résultat appréciable, seule compte comme critère de dignité la *faveur du prince*

pas de haute synthèse culturelle d'où repli du Poussin.

Contrairement à la règle qui associait si souvent en France et associera bien de nouveau le pouvoir et l'activité artistique, la plus grande partie du XVIIe s'est passée dans une floraison d'indépendance des plus intéressantes. Elle n'est pas due au génie français, encore que chaque peintre ait eu la possibilité de manifester ses ressources..., mais de l'extraordinaire mouvement d'ensemble de tout l'Occident qui fait, de manière presque inexplicable, du XVIIe l'*âge d'or* de la peinture européenne.

Au XVIe, rien qui ressemble à la définition positive de Machiavel, morale de Guichardin, artistique de Vasari. Tout au long du XVIIe, ces modèles sont repoussés comme des tentations. Il faut bien reconnaître une longue inaptitude des Français à considérer dans le passé autre chose que les généalogies du pouvoir politique ou religieux, ou les répertoires d'*exempla*, de modèles philosophiques ou moraux, comme on fit d'abondance sous la Révolution et l'Empire. Cette observation se trouve confirmée par la prédilection pour le portrait, de préférence en suites ou galeries.

Vers la fin du XVIIIe, la mode du tableau d'histoire, indiqua une évolution qui devait, comme dans toute l'Europe, conduire aux grands tableaux et aux grands cycles du romantisme. Mais évoquer *Saint Louis en Égypte* ou *La Mort de Léonard dans les bras de François Ier* n'acheminait toujours pas vers une approche sérieuse de l'art national. Et pourtant la secousse révolutionnaire accompagnée de destructions spectaculaires à Saint-Denis, à Notre-Dame de Paris, à Cluny provoquaient chez des hommes politiques une prise de conscience, toute nouvelle, du *patrimoine* et de sa tragédie. Le bric-à-brac romantique du « musée des monuments français » fut, avec ses groupements artificiels, le lieu de naissance, bizarre mais efficace, de la discipline.

Le souci archéologique n'est nullement une constante de l'art français, mais un moment de rigueur qui reparaît périodiquement, chez les sculpteurs de la Renaissance, chez Poussin (le « second tableau de la pénitence où il y aura quelque chose de nouveau, particulièrement la tricline lunaire, qu'ils appelaient sigme, y sera observée particulièrement », lettre du 30 mai 1644), chez David et Ingres.

Le terme de mentalité renvoie trop aisément à une « idéologie » et au domaine intellectuel pour convenir à l'histoire du goût et de ses divers prolongements. Non que ces domaines ne communiquent pas : on a cent preuves de leur imbrication, mais tout simplement parce que l'« idéologie » ne prend en charge que la partie de l'expérience qui l'intéresse, et que l'inclination des clercs français pour la mise en forme doctrinale accentue constamment l'écart entre la pensée et le vécu, sans faire aucune place à l'activité artistique. Celle-ci concerne l'enveloppe : édifices, décors, objets, dont on ne parle pas ou seulement par occasion, distraitement. Telle est l'attitude courante pendant des siècles dans ce pays.

« Pour un véritable peintre les moindres accessoires présentent de l'amusement dans l'exécution et l'inspiration anime les moindres détails », Delacroix, 3 juillet 1846.

Notre vocabulaire est si pauvre au regard des effervescences et des trouvailles formelles de ces arts que nous n'avons même pas un terme équivalent à celui de l'anglais « doodle » pour désigner le jeu graphique, à la fois libre et orienté, des « griffonis » ou tracés fantaisistes dans la marge des manuscrits. Ce phénomène remonte très haut et va prendre un développement remarquable au fur et à mesure que l'art du livre devient plus actif et plus important.

Journal de Jean Héroard sous la direction de Mad. Foisil, Fayard, 2 vol., 1989.
Les dessins de Louis XIII enfant, cf. *Journal d'H.*, 1608 observations : 25 feuilles de 1606 à 1609, avec Martin Freminet (1567-1619) chapelle de la Trinité, puis avec Jean Bunel (1558-1614), petite galerie Louvre.
Entrelacs de Beaugrand, *Panchrestographie, exemples de toutes sortes d'écritures plus utiles et nécessaires en France*, Paris, 1636, « tout ce qui est en dessins est formé d'un seul trait » (cf. M. Himerfarb, *L'Apprentissage du mécénat royal*, Colloque CNRS (1983), Paris, 1985).

Il n'est pas difficile de voir qu'à travers toute l'Histoire se manifestent des tensions critiques telles qu'à aucun moment on ne doit parler d'un sentiment unanime, d'un goût commun à toute la nation. Pour Voltaire, la chapelle de Versailles est un « colifichet fastueux » (*Le Temple du goût*). Un autre contemporain, Saint-Simon, y voit simplement un « immense catafalque ».

On trouve en revanche des marques d'attention précoces aux habitats, aux cités, aux châteaux.
Au XIVe Eustache Deschamps.
Les ouvrages destinés à décrire et à « illustrer » Paris apparaissent de bonne heure :

Guillebert de Metz
Gilles Corrozet, *Antiquitez*, 1550
Germain Brice, 1752.
(Cf. M. Dumolin, « Notes sur les vieux guides de Paris », dans *M.S.H. Paris et Île-de-France*, XLVII [1924])

Saint-Ouen est « l'un des plus beaux ouvrages du monde par la hardiesse de son architecture » écrit un auteur rouennais — Noël Taillepied, *Recueil des antiquités et singularités de la ville de Rouen*, 1587 —, évidemment soucieux d'exalter les mérites de sa province.

Les milieux français se mirent à l'école de l'Italie moderne à grand renfort de traductions : mais la véritable innovation du siècle, du moins en matière d'édition, fut d'un tout autre ordre. Lié à la célébration de l'originalité nationale et destiné à illustrer la fécondité de la monarchie des Valois, paraît en 1572 le recueil, précieux entre tous, d'Androuet du Cerceau.

Les traités prenant un caractère normatif, entendent redresser, corriger les manifestations d'un goût qui leur échappe à moins que les circonstances politiques ne permettent soudain de déployer un style qui va être dénommé en fonction du souverain.

Développant l'exemple italien, les milieux académiques inventent un nouveau genre, le traité académique.

La crise nationale et religieuse rend un moment les Français historiens. Entre 1550 et 1620, on a compté plus de six cents livres d'histoire. Et l'âge suivant, avec l'autorité des meilleurs esprits, récuse l'Histoire, lieu des vaines curiosités, « un ramassis des sottises des hommes aussi bien que de leurs vertus » (Père Bernard Lamy, *Entretiens sur les sciences,* 1684). À quoi bon s'en encombrer ? Ce qui s'élabore à la fin du XVIIe est tout autre chose : une documentation patiente concernant les chartes et les témoignages de base pour l'histoire religieuse : *Actes des saints,* et pour l'histoire dynastique, ceci grâce au centre d'érudition des mauristes à Saint-Germain-des-Prés à partir de 1675 environ. La culture française ignorant toujours ce qui se passe dans les pays voisins : les savants italiens comme Muratori (1672-1750) en sont à réviser l'histoire de l'art de Vasari.

L'abbé Lanzi (1735-1810) élabore une histoire de l'art publiée à Bassano en 1745-1746, que Stendhal se contentera de piller en 1817. Il n'y a d'histoire de l'art que pour la péninsule. (Cf. G. Huppert, *L'Idée de l'histoire parfaite,* trad. fr., Paris, 1979 ; P. Chaunu, *Histoire science sociale. La durée, l'espace et l'homme à l'époque moderne,* Paris, 1974, p. 43 *sqq* ; P. Chaunu, *La Civilisation de l'Europe classique,* 2e éd., Paris, 1970)

La mentalité juriste et l'application administrative de l'ancienne France ont eu pour conséquence un grand nombre d'actes notariés, des espèces de recensements, comme l'*Armorial* de Guillaume Revel donnant au duc de Bourbon vers 1450 la liste des fiefs manuscrits avec une centaine de dessins sur 400 prévus (Bibl. Nat. Paris) figurant châteaux et villages. De même — sur un plan beaucoup plus spectaculaire — deux volumes d'Androuet du Cerceau. Gaignières (Cf. Gabriel Fournier, *Châteaux, Villages et Villes d'Auvergne au XVe,* Bibl. S.F.A., n°4, Paris, 1973)

Félibien que l'on est bien obligé de considérer comme

« le premier historien de l'art en France » n'illustre que trop l'orientation fâcheuse de la culture qui, sous prétexte de généralité, refuse à la fois l'histoire et la critique ; seule compte l'ère moderne et seul importe l'éloge du prince et des institutions qui viennent d'être créées. Dans les *Entretiens sur les vies et les œuvres des plus excellents peintres anciens et modernes*, publiés de 1666 à 1688, on ne trouve dans les premiers de ces « dialogues » qu'une compilation médiocre de Vasari et de Baglione, dans un style assez agréable mais non exempt de platitudes.

Le modèle italien domine tellement que dans le retour du goût des primitifs autour de 1800, les amateurs français oublient de considérer le Moyen Âge national. Ainsi dans l'*Histoire de l'art par les monuments* de J.-B. Séroux d'Agincourt, rédigée à partir de 1779 et publiée de 1811 à 1820 — en fait, la première histoire de l'art illustrée — et la *Dissertation sur les peintures du Moyen Âge* de Paillot de Montabert, 1812. Ils concernent l'art à l'époque de Cimabue, de Giotto, des Lorenzetti, mais ignorent Jean Pucelle, les Limbourg et Fouquet.

La principale difficulté de l'étude est malheureusement assez claire : le développement si constant, si soutenu, de l'activité artistique, n'a pas été accompagné par les chroniqueurs et les historiens jusqu'à l'admirable recueil de textes fourni par Mortet et Deschamps. Les historiographes fixés sur les événements dynastiques, les conteurs sur les anecdotes satiriques et morales, les poètes sur la célébration. Nous n'avons pratiquement aucun témoignage contemporain significatif sur Jean Fouquet, qui est un des plus grands peintres de ce pays, et il s'en est fallu de peu que son nom même nous échappât.

Beaucoup de lettres de Madame de Sévigné ressemblent plutôt à des articles de gazette qu'à des propos familiers. En mai 1672, elle assiste, à côté de Colbert, au service solennel pour le Chancelier Séguier à l'Oratoire — qui servait de chapelle au Louvre. Elle décrit l'appareil funèbre, dans un style sec, objectif, abstrait, qui fournit un schéma sans aucune notation sensible : « C'était la plus belle décoration qu'on puisse imaginer ; Le Brun avait fait le dessin. Le mausolée touchait à la voûte, orné de mille lumières et de plusieurs figures convenables à celui qu'on voulait louer. Quatre squelettes en bas étaient chargés des marques de sa dignité [...]. Jamais il ne s'est rien vu de si magnifique ni de si bien imaginé. » Le mot noble exclut l'émotion et c'est sans doute ce que l'on attendait d'un apparât conventionnel. Mais dès qu'il s'agit de l'oraison funèbre prononcée par un jeune père de l'Oratoire, la verve s'éveille et en quelques lignes le feu et l'originalité du discours sont brillamment commentés. On voit là ce qui intéresse véritablement un des personnages les plus cultivés et les plus alertes intellectuellement de la cour de France. L'art relève du décor et reste toujours secondaire ; l'âme s'émeut devant l'éloquence. (Éd. la Pléiade, vol. III, p. 503, Lettre à Madame de Grignan du vendredi 6 mai 1672)

Le maillage historique : l'artisanat

Comme on l'a fort bien noté, au XVIIIe se sont formées des « lignées héréditaires qui se transmettent la tradition du métier avec une belle continuité[1] », l'arbre généalogique des Androuet du Cerceau, des Dumonstier.

« Les orfèvres assis devant leurs fourneaux et leurs tables sur le Grand-Pont ; ils fabriquent des hanaps, des fermails, des colliers, des épingles, des agrafes en or et en argent. » (Jean de Garlande, XIIIe)

Les ateliers monastiques sont toujours très actifs : à Conques, au temps de l'abbé Bégon III, vers 1100, on exécute un reliquaire et une curieuse « lanterne » en forme d'octogone surmonté d'une coupole.

Une des boutiques les plus actives était celle de Thomas Hébert, rue Saint-Honoré, dont on disait (1784) qu'il « donne des colifichets pour des lingots d'or » avec un incroyable succès. Tout près, son neveu, Simon-Philippe Poirier, 85,rue Saint-Honoré, fournisseur de meubles de porcelaine pour Madame

1. R. Crozet, *La Vie artistique en France au XVIIe siècle (1598-1661) ; Les Artistes et la Société*, Paris, 1964.

du Barry[1] ; à l'enseigne de la *Couronne d'or*, il mit en circulation pour des amateurs un peu excentriques des objets assortis de plaques et de médaillons qu'il commandait à Sèvres.

Non seulement il n'est pas possible d'ignorer le rôle joué par les menuisiers et créateurs de meubles à partir de Jacques Androuet du Cerceau mais il est permis de trouver plus de charme et d'invention dans des cartels de Boulle, une horloge de Marot qu'à beaucoup de tableaux contemporains.

Il est à peine exagéré de dire que l'« art populaire » — au sens qu'on voudrait lui donner aujourd'hui — date en gros du XVIIIe. Comme pour les contes, les chansons, les costumes, c'est alors que se fixent les habitudes régionales pour des meubles, des objets, par exemple les moules à gâteau, les plaques de cheminée, la faïence d'usage. Dans un grand nombre de cas, le passage du modèle aristocratique, reçu dans la ville, à l'emploi commun devient extrêmement court ; « la grande floraison des styles populaires régionaux se fera à l'imitation du style Louis XV, et accessoirement du style Louis XVI[2] ».

Vers 1500, on a une suite de gravures en couleurs des marchands ambulants avec leur « cri » (c'est-à-dire leur appel « À mes bons navets », « Qui veut du bon lait... »). Cette pratique existait depuis longtemps et remonte au moins au temps du *Livre des métiers* d'Étienne Boileau (milieu du XIIIe). L'usage s'établit pour longtemps de dresser ainsi sous le nom de

1. G. Wildenstein, *Gazette des Beaux Arts*, septembre 1962.
2. X. de Planhol, *Géographie historique de la France*, Paris, Fayard, 1988, p. 339 et tableau p. 338.

« cris » des séries d'ambulants où l'on accommode à la mode de chaque époque les petits métiers de la rue : « almanach nouveau », « peau de conil [lapin] », « arracheur de dents »... Chez un imprimeur de la rue Saint-Jacques, on fit même paraître un assemblage dans un grand médaillon de tous ces petits personnages de la vie quotidienne.

Plus soignée, il y eut vers 1640 une suite de quarante figures par Pierre Brebiette ; Abraham Bosse et J. Leblond vers 1650 donnèrent douze estampes.

François Guérard continue le thème des ensembles dont il y eut de très nombreuses variantes au XVIIIe, jusqu'à l'exploitation naïve en bois gravé et colorié à Lille, Orléans, avant que Pellerin s'en empare pour les images d'Épinal.

Au musée de Cluny tout neuf, Mérimée observe « de jeunes ouvriers au regard intelligent, sachant manier la règle et le crayon, qui prennent des notes et les mesures de quelques vieux meubles » (*Mélanges historiques et littéraires*, 1855). C'est la France artisanale qui, jusqu'à une date toute récente, a assuré l'admirable continuité des métiers, ceux de la pierre et du bois.

Ancienne église des Théatins, portail, 26, rue de Lille, Desmaisons, un ange.

L'hôtel de la veuve de l'architecte Simonnet, 27, rue Saint-André-des-Arts (soignée parce qu'elle répond à la perspective de la rue Gît-le-Cœur) : « Balcon en corbeille qui témoigne de la virtuosité des serruriers parisiens. » (J.-P. Babelon)

L'architecture suppose la référence à des modèles : il est rare qu'ils soient spécialement élaborés pour le cas à traiter ; le plus souvent, on mentionne simplement l'exemple à suivre. L'histoire de la construction est faite de « réactions en chaîne », si l'on peut s'exprimer ainsi. La pratique est constante à toute époque. Pour se contenter d'épisodes peu connus entre mille : quand, en 1341, l'évêque de Rodez passe contrat pour le château épiscopal de Moyrazès (Aveyron), il stipule que la salle sera identique à celle de Muret, les cheminées et la « latrina in volta » pareilles à celles des demeures épiscopales de Palavas et de Rodez. Ces indications précises concernant le parti général, un détail en évidence comme le portail, la couleur de l'enduit, des ferrures. Dans certains cas, il s'agit clairement de se conformer à une mode plus ou moins récente : pour une maison de Caylus, les fenêtres seront faites « à la manière française ». Il s'agit de la baie géminée à colonnette qui introduit un ornement agréable dans la façade. Le terme se rencontre constamment dans les prix faits jusqu'au XVIIIe[1].

On trouve dans toutes les provinces et à toutes les époques des exemples comparables, et à tous les niveaux du social. C'est ainsi que s'accomplit, en fonction des courants nouveaux, le « maillage » qui trame l'activité de la construction. Sur des bases usuelles, s'insèrent régulièrement les nouveautés.

On a pu établir un tableau des entrepreneurs, maçons, architectes et ouvriers du bâtiment qui ont travaillé au quartier des Halles de Paris sous l'Ancien Régime. Leur nombre est imposant, et comme fort peu parmi eux sont parvenus à la célébrité — sauf celle, un peu morne, des documents d'archives —, il

1. E. Douais, *L'Art à Toulouse, matériaux pour servir à son histoire du XVe au XVIIIe siècle*, Toulouse, 1904 (cité par Aurel Bongin, XLIe Congrès d'études régionales, Société Archéologique du Tarn-et-Garonne, 1986).

est assez émouvant de les voir intervenir aux adresses précises que l'on a pu retrouver. Le caractère artisanal, silencieux, continu, hors histoire, de l'œuvre français, ne peut guère être manifesté. (Cf. *Système de l'architecture urbaine : le quartier des Halles à Paris,* C.N.R.S., 1977, pp.391 *sqq.*)

Procédons par un jeu de fictions. Si l'on ignorait les quatre-cinquièmes des documents d'archives, des chroniques comme celles de Joinville ou de Froissart, des innombrables mentions de noms de personnes dans les pièces notariales, si l'on supposait absent de nos esprits le poids de l'écrit : récits, mémoires, lettres et pamphlets, grâce auxquels on a pu reconstituer la trame serrée et précise des événements et décrire la vie du pays durant les siècles du Moyen Age, si l'on ne disposait pas de cette immense information, tout pourrait cependant être retrouvé, deviné, éclairé, restitué par le seul examen des vestiges concrets, des sculptures, des objets précieux, des édifices et de leur contenu. L'inverse ne serait pas possible : si l'héritage prodigieux des œuvres et des formes était par hypothèse soudain évanoui, l'exploration la plus laborieuse et ingénieuse des textes ne rencontrerait que le souvenir muet des références et des citations admiratives, sans que nous puissions deviner les trésors d'énergie et d'invention présents dans les ouvrages. C'est un grand privilège que de pouvoir encore tout simplement les regarder. On peut tirer de là une conclusion, qui provoquera peut-être des résistances. On a souvent cherché — et trouvé — à travers les biographies et les débats des clercs, des constantes de l'esprit français.

On peut se demander si, plus que les « idées », les courants intellectuels, les inclinations philosophiques, qui offrent une certaine continuité, il n'y a pas lieu de considérer comment se comporte cette nation changeante et pleine de contradictions.

L'archéologie et l'histoire de l'art peuvent venir au secours des historiens qui, en l'absence de documents sûrs, constatent une sorte de trou noir, de phase obscure, facilement interprétée comme un moment de désolation et de misère. Au surplus, les rares chroniques, celle du clunisien Raoul Glaber (mort en 1050) par exemple, sont construites sur des schémas fantastiques et légendaires : on a donc pu imaginer un monde pitoyable et naïvement cruel, où s'échafaude en mille petites tyrannies locales la puissance dite féodale, et dans le réseau des couvents, la domination de l'Église.

Ceci nous ramène parfois à reprendre par-dessous le discours officiel, à trouver, à l'aide d'une autre masse documentaire, le texte économico-politique qui forme chaîne. Il s'agit bien d'un monde d'âpreté et de conflits, mais il est aussi le lieu d'un développement surprenant de l'art de bâtir, de l'art de décorer, de l'art tout court, qu'il suffit d'interroger pour obtenir une image moins banale.

Ce qui se passe à Saint-Benoît-sur-Loire, à Saint-Germain-des-Prés, à Saint-Bénigne de Dijon, suppose non seulement une volonté et des aptitudes d'organisation chez des personnages de premier plan, mais aussi des connaissances techniques, un personnel apte à l'ouvrage, toutes choses qui échappent à la société sinistre.

Un pionnier de l'archéologie comme Quicherat pensait qu'il ne subsistait aucun édifice en France antérieur au xe. Les fouilles des substructures et l'analyse même des constructions ont permis de restituer un nombre important de sanctuaires, dont l'existence était attestée par le grand témoin que fut Grégoire de Tours.

Tout aurait été effacé par la ruine naturelle, par la destruction humaine, par le temps. C'est ce qu'avec un acharnement et une continuité saisissante l'érudition est parvenue à dépasser. L'âge des ténèbres était dû à l'opacité des siècles. Les vieux historiens avaient toutefois raison en ce sens que, pratiquement, aucun édifice intact n'a traversé les siècles. C'est cette loi du « remaniement » qu'il faut rappeler avant tout.

La rotonde de Saint-Bénigne, élevée au début du XIe, aurait suffi à donner une autre idée de l'An Mil : une coupole sur étages, un double déambulatoire, le tout en souvenir du Saint Sépulcre, mais il n'en reste qu'une crypte. L'histoire de l'art en France illustre de façon remarquable, exemplaire, la double fatalité du remaniement et du vandalisme.

« Dans Narbonne, cité romaine immense, la plupart des monuments antiques étaient encore debout au milieu du XIe, en particulier la ceinture de muraille. » (G. Duby)

Partout la recherche archéologique a décelé des continuités qu'on ne soupçonnait pas, et sous les phénomènes qu'on avait toujours connus, des antériorités de deux, trois siècles, parfois plus, qui invitent à imaginer non seulement des précédents (devenus souterrains) mais peut-être aussi des adhérences. On découvre, par exemple, qu'avant le grand développement de la peinture romane en Bourgogne au XIIe, la crypte de Saint-Germain d'Auxerre a été décorée au temps des Carolingiens.

Nous aimons tous la peinture. Peu de Français cultivés admettraient l'idée qu'ils sont indifférents. Il est absolument impossible de présenter l'histoire de la peinture française à partir du seul tableau de chevalet. Il est d'usage de le faire, en plaçant le fameux portrait de Jean le Bon (Louvre), peint vers 1349, comme le point de départ naturel. Ce tableau est, certes, important par la rigueur du dessin et l'acuité donnée au profil ; il transpose l'art de la médaille en une image simple et d'une certaine force plastique dont l'exemple ne sera pas perdu. C'est le seul vestige conservé d'un art du portrait qui s'est très tôt manifesté dans les milieux princiers et pouvait trouver ses modèles dans la galerie de la chapelle Saint-Martial au palais des Papes (1345). La peinture s'exerce dans plusieurs domaines : la fresque, le vitrail, la miniature, le carton de tapisserie et les « tableaux », panneau de dévotion, ou montage du retable.

Il nous a paru indispensable de limiter l'importance qu'on attache généralement à la peinture de chevalet. On a tendance à ramener aux normes du *tableau* toute la production picturale, y compris celle des « primitifs », à partir du XIVe. Mais la date du fameux portrait de *Jean le Bon* (vers 1349, Louvre) fournit une coupure illusoire. Au XIXe, la fonction du peintre est avant tout de produire ces objets qu'on déplace, qu'on expose, qu'on accroche librement : des tableaux ; mais auparavant, l'art du peintre comporte bien d'autres responsabilités et est loin d'entrer tout entier dans ce type de réalisations liées à un certain marché.

Il y a, certes, au XVIIe, à l'imitation de l'Italie, des peintres — et quels peintres ! — dont l'œuvre entier relève de la définition, quasi moderne, du tableau de collection. Mais on ne doit pas oublier que même les ouvrages de Poussin appartenaient le plus souvent à des « ensembles », les *Bacchanales* au château de Richelieu ; les *Sept Sacrements* en deux séries, l'une pour Cassiano del Pozzo, l'autre pour Chantelou. Une exposition récente a montré avec la galerie de La Vrillière, qui associe le *Maître d'école de Falériés* à des toiles italiennes, comment les choses se présentaient. Les cas analogues sont innombrables, et encore au XVIIIe où pourtant le commerce avait déjà dissocié et dispersé beaucoup des ensembles d'autrefois.

Nous devons partir de la peinture comme activité artistique, et non du tableau. Le biais moderne, formé par la pratique du musée, ne peut en aucun cas être maintenu pour apprécier les réalisations qui, depuis des siècles, ont déployé dans ce pays à l'aide de formes et de couleurs les décors muraux, les images transparentes du vitrail, les ornements du livre et les merveilles de l'émaillerie, les prouesses de la tapisserie, les panneaux d'autel. Les échanges entre toutes ces catégories ne passent nullement par le tableau de chevalet.

Des phases entières, où la peinture de chevalet semble nulle, comme le début du XVIe, sont de grands moments du vitrail et il n'est pas sage de rejeter dans la classe des décorateurs des inventeurs comme Berain ou le maître de Watteau.

La composition où les Français sont souvent passés maîtres n'est pas nécessairement celle du tableau.

Les paysages de Fouquet dans la page étroite de la miniature n'auraient pas le même sens à l'échelle d'un grand panneau ; d'ailleurs, quand il peint la *Pietà* de Nouans, il s'en abstient.

Parmi les usages domestiques anciennement attestés, qui entraînaient une grande consommation d'ouvrages manufacturés, il y a la tapisserie. Les inventaires, les chroniques confirment d'abondance, s'il en était besoin, que les « tentures » ou suites de tapisseries étaient proprement des meubles nécessaires pour réchauffer les pièces, orner les murs, cloisonner les salles... Du XIVe au XVIIIe, c'est un aspect non négligeable de la richesse domestique. Il serait toutefois erroné d'en faire une spécialité française, la Flandre, pays de la laine et de grands ateliers de textile, étant dès le XIIIe une sorte de fournisseur européen. La dépendance des clients français est restée très accusée malgré des efforts nombreux pour créer une « industrie de la laine » autonome (au temps d'Henri IV par exemple) jusqu'à l'organisation puissante mise sur pied par Colbert aux Gobelins, à Beauvais... Toutefois, l'origine des cartons permet dans certains cas d'attribuer une origine française. Le sort a voulu que nous soyons bien renseignés sur les circonstances de la commande par Louis Ier d'Anjou en 1373 à un peintre du roi, son frère, Jean de Bondol, des maquettes pour le chef d'œuvre extraordinaire qu'est la tenture en six pièces de l'*Apocalypse* d'Angers. Beauvais continue à être très actif au XIXe.

Trois moments décisifs pour l'art décoratif, où la France reçoit, assimile et retransmet à l'Occident tout entier un système d'ornement élégamment constitué :
— avec Fontainebleau,
— à la fin du règne de Louis XIV, avec Berain et les maîtres du rococo,
— à l'époque de Louis XVI avec les ornementalistes néoclassiques.

Je voudrais essayer de montrer que dans ce pays,

sujet à bien des égards aux bouleversements, aux accidents, aux entreprises hasardeuses, plus qu'aucun autre, une robuste continuité s'est établie, à peine consciente et parfois même à peu près méconnue des intéressés eux-mêmes, grâce à une certaine force des terroirs, intériorisée par des coutumes, des pratiques indéfiniment maintenues et grâce aussi à une capacité fabricatrice, souvent plus instinctive que raisonnée, ou, du moins, trouvant plus aisément sa justification dans un libre exercice que dans des motivations supérieures.

Cette continuité, si l'on prend comme ligne directrice l'art de bâtir, part des nouvelles pratiques assimilées par les Gallo-Romains, et, à travers autant de vicissitudes qu'on peut en imaginer, se poursuit dans le Haut Moyen Âge, trouve son expression plénière avec l'activité prodigieuse des XIIe et XIIIe s., et les procédures des gens de métier, leur assurance, dorénavant établies, trouvent de nouvelles occasions de se manifester à travers l'architecture vernaculaire qui triomphe à la Renaissance, puis dans les ambitieuses réalisations classiques, et se maintient, comme les traditions naïves des « compagnons », dans la pratique des modernes.

Les usages, comme la manière d'habiter, de vivre dans les demeures, ne connaissent que de très lentes évolutions, la place du lit, la garniture de la table, les éléments du décor... même modeste, tout séjour offre certains traits qui, pour l'œil d'un étranger, apparaîtront comme des marques françaises.

La longue durée est ici claire, fondamentale, elle n'a pas à être revendiquée comme une règle d'étude, puisqu'elle est l'évidence même. Il est surprenant que les historiens professionnels et exclusifs du politique et du social, si brillants et si puissants aujourd'hui, n'aient pas saisi à quel point le fait artistique si constant et soutenu en France, est la principale, la grande illustration du phénomène national. Tant dans la diachronie, où il s'étale que dans la synchronie où il se constitue.

L'étude de l'art médiéval et plus encore peut-être celle de l'art classique ont été faussées au siècle dernier par des définitions massives :
1) qui mettent bout à bout les manifestations dans une évolution linéaire,
2) imposent un schéma constant de croissance, maturation et affaiblissement,
3) expliquent les variations, les changements par des influences.

L'histoire — aujourd'hui reconstituée — d'un des plus nobles ouvrages de l'art roman, l'abbaye de Moissac (Tarn-et-Garonne) révèle bien les vicissitudes des édifices de l'âge pré-roman et nous explique pourquoi l'érudition a eu et continue à avoir tant de peine.

Fondation vers 650, avec attribution populaire à Clovis. Épanouissement sous l'évêque Desiderius. Destruction du fait des Sarrasins. Reconstruction vers 820-830, concours de Louis le Débonnaire. Nouveau désastre au milieu du IXe du fait des Normands. Reconstruction vers 1000. Dissensions et conflits. Rattachement à Cluny par l'abbé Odilon en 1047, et, après une phase difficile, troublée, une période faste ; enfin sécularisation (1626), suppression (1797). Il ne subsiste que le cloître carré (vers 1100) et le porche sculpté *in situ*.

Terroirs sans âges : l'inconscient français

C'est le moment, XVIe, où la pratique française s'est fixée selon certains plis. « La France s'engagea si entièrement alors dans un style architectural durable que certains édifices, comme la maison dite de Du Cerceau à Orléans, pourraient, avec de légères modifications, avoir été élevées à n'importe quel moment — ou presque — entre 1540 et 1870, et dans tous les règnes, d'Henri III à Napoléon III on a produit des œuvres qui, à quelques détails près, auraient pu être construites au temps d'Henri II[1]. »

D'abord, l'attachement précoce et durable du peuple « français » à la monarchie. Du moins, jusqu'à la catastrophe révolutionnaire qui, en remettant en question l'Ancien Régime, a amené le pays à s'interroger longuement sur lui-même. Aucune autre contrée de l'Europe n'a connu un ordre monarchique aussi impressionnant par sa croissance et sa durée.

L'apparition d'un roi de *Francia* un peu avant l'an mil a surtout, bien sûr, une valeur de symbole : le pays n'est pas constitué et les trois ou quatre grandes

1. E. Ward, *French Renaissance Architecture*, I, p. 333.

régions sont organisées — si l'on peut dire — en fonction des groupements féodaux. Les deux principes : monarchique et féodal, vont se développer en quelque sorte l'un dans l'autre, l'un contre l'autre, avec des moments de tension et de fission grave : les Plantagenêts à l'Ouest, la Lorraine et plus tard la Bourgogne à l'Est. Ce double aspect des choses est essentiel à retenir pour notre propos. La France, dès qu'elle apparaît comme en train de se définir, est profondément provinciale ; mais le principe monarchique est là d'abord pour résister à l'hégémonie impériale (x[e]-XIe s.), puis pour limiter et finalement détruire les réussites centrifuges, enfin pour dominer l'importance des grands et tisser un réseau de contraintes administratives qui s'épanouiront après 1789. Il est difficile d'embrasser le développement de l'art « français » si l'on ne tient pas constamment présent à l'esprit ce balancement difficile. Pour être clair, on ne peut pas ne pas intégrer à ce développement l'activité des régions soumises, après le mariage d'Aliénor, aux Plantagenêts, mais comment oublier que cette dynastie originale et ambitieuse est à cheval sur l'ouest de la France et le sud de l'Angleterre.

Deux siècles d'ambiguité.

Il n'est pas davantage question d'oublier l'étonnante production artistique du duché de Bourgogne, pendant le siècle si fécond de son existence ; mais Philippe le Bon règne sur Gand et Bruges autant que sur Dijon, et, si on ne peut annexer les Van Eyck à l'art français, il faut bien reconnaître un courant « eyckien » à travers la peinture du XVe.

L'expansion politique et militaire va soumettre peu à peu des provinces périphériques — la Flandre, l'Alsace (Strasbourg) — et l'empire napoléonien, de courte durée, a diffusé au-delà des frontières du

Nord et des Alpes non seulement les pratiques administratives mais la culture française. On n'échappe pas à l'évidence que celle-ci (où il faut inclure les formes artistiques) a possédé à divers moments de l'Histoire une force conquérante, qui demande réflexion. On ne peut donc établir une relation fixe entre le cadre politique et les mouvements artistiques, même si, dans une vue panoramique, on tente de saisir les rythmes. En France autant et probablement plus qu'ailleurs, on est amené à prendre en compte l'institution monarchique.

L'histoire de l'art français peut, si l'on veut, être vue en fonction du jeu de trois forces : vernaculaire, centrale (au sens de la cour et de Paris), internationale (en raison des relations constantes avec les centres européens).

Les observateurs sont frappés par cette lente simplification des mœurs, des usages, des modes de construire, qu'on a appelé la fin des terroirs. (Cf. E. Weber, *La Fin des terroirs. La modernisation de la France rurale, 1870-1914*, Paris, Fayard, 1983)

Marcel Proust regarde le Moyen Âge à travers l'œuvre de Ruskin. Ses publications de *La Bible d'Amiens* et de *Sésame et les lys* (1906) montrent combien il s'y est appliqué. La lecture de la thèse d'Émile Mâle, à qui il écrivait avec admiration, l'encouragea à regarder le lien profond, intime, entre les motifs épars de l'imagerie sculptée. Mais il dut à la fréquentation de Ruskin la confiance dans l'intensité du regard que nous jetons sur les œuvres, et le souvenir qu'elles nous laissent. (Cf. Marcel Proust, *On Reading Ruskin*, ed. J. Autret, W. Burford et Ph. J. Wolf, Yale University Press, 1987)

Cassures et tournants

Faire sentir comment cet « art » s'invente de siècle en siècle ou plutôt d'épisode majeur en épisode majeur, parler plutôt de groupements, de petites sectes, de clans : artiste, producteur... plutôt des « courants » que des chefs-d'œuvre.

On a insisté, en raison de sa radicalité et de sa profondeur religieuse sur la réforme anti-artistique de saint Bernard. Mais le fait que sa portée ait été finalement assez limitée ne doit pas faire négliger la persistance, en dehors des milieux cisterciens, d'une défiance, voire d'une hostilité déclarée, à l'égard de la production exubérante du Moyen Âge et, aussi bien, de l'époque qui a suivi. Critiques véhémentes des clercs contre un certain gaspillage inutile à la piété ; réserves expresses de Gerson, en 1400, contre les dévotions absurdes et l'abus des images mal contrôlées ; des humanistes soucieux de la rigueur spirituelle désapprouvent les dépenses somptuaires.
Guillaume Budé n'hésite pas à condamner le luxe inutile du château de Gaillon avec ses splendeurs « néroniennes » ; avec Calvin pour guide, les Huguenots dénoncent bruyamment l'art d'église autant et plus que l'art profane, et des campagnes d'« icono-

clasme » impitoyables suivront ; le courant janséniste hérite un peu de tous ces mouvements et son mépris de la mondanité inhérente aux fastes de l'architecture et de la peinture n'est pas sans susciter des scrupules et des craintes chez les esprits religieux ; Voltaire écrira *Le Mondain* pour répondre à des accusations diffuses contre la frivolité et la licence des ouvrages de la Régence. Il serait naïf d'imaginer que l'immense déploiement de l'activité artistique à chaque génération a été accepté et approuvé par tous. Non seulement sa fonction dans l'église a pu devenir suspecte, mais des relations étroites avec la raison politique et le faste des princes ont régulièrement suscité des réserves et des suspicions.

La puissante, l'inépuisable tension créée par le croisement de forces antagonistes, délibérément assumées, éclate vers les années 1760 dans des manifestations artistiques qui, bien interprétées, éclairent en profondeur les prémices de ce qui sera la Révolution.

L'alternance n'est pas entre un sérieux « classique » et la facilité mais entre les phases de mollesse et de négligence et les secousses de la vie nationale qui réveillent la vitalité et l'orgueil.

Un rythme violent d'initiatives et de reniements qui se succèdent à une allure incroyablement rapide dès que les circonstances deviennent favorables pour tout enfermer en une pauvre formule : le pays des licences délibérées... les plaisirs qu'elles dispensent « une foule de petits mensonges pour une grande vérité » (Bonnard).

« Vous êtes la civilisation » disait lord Clark.
Peut-être, mais toute civilisation depuis les Grecs

comporte en son sein un principe de dissociation — le *destructive element* de Stephen Spender ; comme il est plus actif que jamais au xxe, le problème est d'en mesurer le fort va-et-vient.

Jamais les Français de tous les ordres, de tous les milieux, de toutes les provinces, n'ont été d'accord entre eux. L'histoire locale, celle des communautés, des bourgs et des parlements, est pleine de conflits interminables, qui concernent souvent les édifices, les décors.

Les hauts et les bas de cette histoire ont toujours fait l'étonnement des autres peuples. Tant de dons, tant de ressources et tant d'erreurs, souvent sanglantes et sans remède. Cela s'applique-t-il à l'aventure des arts ? Il faut bien constater de puissants mouvements de reprises après les désastres ; les invasions normandes et leurs séquelles au xe ont profondément ravagé les cités riches du bord des fleuves, mais les générations suivantes s'emploient avec une ardeur stupéfiante à redresser, à rebâtir, à multiplier.

La coupure est si forte que nous proposerons plus loin d'établir là une limite au « Moyen Âge » proprement dit. À la fin des guerres de religion, la « reconstruction » est le mot d'ordre d'Henri IV et des siens. Là aussi, l'architecture et les arts se ressentent d'une même volonté. Il est moins facile de définir, à travers l'épreuve des styles, la volonté de reprise qui suivit les désastres révolutionnaires. Un dernier exemple typique est l'épanouissement qui suivit la lamentable aventure de Sedan et de la Commune de Paris.

Il faudrait se débarrasser de la tentation permanente de considérer que l'art carolingien, par exemple, recèle d'intéressantes prémices de l'art médiéval, qu'autour de l'an Mil cette préparation s'intensifie et qu'en 1100, on est enfin arrivé à l'équilibre. Cet évolutionnisme darwinien a l'inconvénient d'aligner après coup, dans une série montante, des réalités qui comptaient, bien entendu, pour elles-mêmes, et d'ignorer les accidents de parcours.

Partout, la vie se passe, et s'est toujours passée, au *présent*. Le lieu n'est que l'espace où les besoins se déploient. Avant tout décor, il y a un environnement dessiné par l'existant. Tout ce qu'on voit, ce qu'on trouve autour de soi, les chemins, les rues, les marchés, les édifices tiennent au passé mais ne sont pas perçus en tant que tels. Le passé n'existe que dans la conscience des vivants dont une tradition ou un enseignement précis ont éveillé l'attention. Les passants ignorent ce que sont les Invalides ou Saint-Eustache. Il en a toujours été ainsi et c'est pourquoi les légendes foisonnent.

On ne se défiera jamais assez de l'apparence d'unité que confère aux manifestations le cadre séculaire. On observera que c'est plutôt vers le milieu des siècles que s'établissent ici les seuils et les coupures.

750 pour les Carolingiens
950
1050 pour l'essor roman
1150
1350
1450
1750

On s'est gardé autant que possible de se laisser dominer par l'artifice des divisions par siècle. Retenues par commodité pour les hautes époques, elles ont été brisées pour entrer dans les rythmes propres à l'âge moderne tels qu'ils se dégagent à partir des matériaux à organiser. Avec une attention toutefois pour certains millésimes à valeur générale : 1800 et surtout 1900. Plus complexe, plus difficile est la relation avec les divisions traditionnelles par régions où on a rangé généralement, en accord avec les historiens, les faits artistiques.

La grande articulation des temps nouveaux est la fin de la guerre anglaise. Ce n'est pas par hasard qu'un des fils Duchamp prendra le pseudonyme de Jacques Villon. Quand il veut affirmer son accord avec la vraie « tradition » en France, Pissarro commence par nommer Fouquet. Une vitalité étonnante se manifeste. On ne voit pas pourquoi elle aurait dû entraîner un changement radical des modes d'architecture. Non, elle se marque dans l'ordre des demeures seigneuriales par une orientation décidée vers les agencements souples, les dégagements au dehors.

Le développement de la recherche amène tout naturellement à compliquer les schémas de classement. Un exemple typique est l'insertion d'un nouvel épisode « la phase 1200 » entre le roman et le gothique. Cette césure tient compte d'une nette orientation « antiquisante » dans l'art de Nicolas de Verdun, la sculpture de Reims avec le drapé « en boucles » etc., pour indiquer un mouvement qui ouvrait une direction dont on n'a plus tenu compte après 1220.

On s'aperçoit qu'entre le règne des grands styles dominateurs, il convient d'introduire une *phase intermédiaire,* un moment très actif, très inventif et très ferme, où d'autres possibilités se sont ouvertes, pour avoir été abandonnées ou absorbées par la suite dans le nouveau développement, elles n'en sont pas moins révélatrices du ferment et des capacités d'une culture. Une idée, apparue vers 1960, celle du « style 1200 » qui s'éloigne de la sévérité romane sans préparer l'aisance gothique. On ne s'obstinera plus à situer à l'intérieur d'un « Moyen Âge » extensible à volonté les superbes réalisations du XVe dans la peinture et dans le vitrail, mais on n'est pas contraint pour autant de parler de pré-Renaissance ou de proto-Renaissance. Une définition intermédiaire vaut beaucoup mieux.

« Fouquet se sépare brusquement par sa modernité de tout ce qu'on pouvait voir dans la peinture française vers 1430-1440 » (Charles Sterling). Cette soudaine apparition d'un grand style à la fois suave et tendu fait partie de ces phénomènes irréductibles, dont il n'y a aucun moyen simple de rendre compte. La conclusion doit donc être : il faut prendre appui sur cette manifestation forte pour réviser notre chronologie. Une fois la décision critique prise, toutes sortes de faits viennent la confirmer et il se dessine une ligne de fracture ou, si l'on préfère, une nouvelle « modernité » qui, si elle ne va d'un coup jusqu'au bout d'elle-même, introduit un son nouveau dans le récitatif. La chronologie des âges gagne à être réajustée.

On verra qu'on y gagne en particulier de pouvoir abandonner l'explication naïve de la Renaissance par la découverte de l'Italie.

L'énorme déploiement de ce que nous appelons l'art classique et qui fut alors simplement l'art moderne fut remis en cause à son tour par le besoin de changement qui préconisa un retour à l'antique, à la rigueur, à la pureté ; les fauteurs de la Révolution étant ses adeptes, l'art classique, associé à l'Ancien Régime, fut proprement dévalué.

Chamfort. « Il fallait se défranciser et se débaptiser et redevenir grec et romain dans l'âme. » (cité par Louis Bertrand, *La Fin du classicisme*, p. 28)

Le nouveau classicisme dominé par l'éloquence, inspiré par la mégalomanie, n'avait pas le temps de s'accomplir dans toutes les directions qu'exige la plénitude du style. Il allait pouvoir le faire avec l'Empire.

Conclusion

L'incapacité des Français de se transformer par voie de réforme est totale en art comme en politique. En raison sans doute d'un abandon trop fort à l'inertie de l'établi, il leur faut un choc violent, une rupture, avec insolence et dénonciation. L'histoire nationale est pleine des conséquences de ce bizarre *habitus,* qui ne fait pas honneur à ce pays si féru d'intelligence. L'histoire artistique, d'une manière plus compréhensible aussi.

Une foule prompte aux réactions passionnelles et un épiderme national sensible, confondant constamment l'idée et les choses, les symboles et les faits, avec pour conséquence des déceptions aussi rapides que les enthousiasmes, faute d'avoir compris les exigences concrètes de tout projet, et la tendance à se venger sur les comparses et les images de ses désillusions.

Les œuvres de l'art — chefs d'œuvre ou non — n'apparaissent que très rarement dans le registre *littéraire.* Nous nous ingénions à rechercher des citations, des allusions, des présentations, mais il vaut mieux en juger par comparaison avec l'Italie : l'art n'est pas objet d'histoire ni de réflexion élevée dans notre pays, du moins avant le XIXe, où une nouvelle balance de la société amène une « littérature artistique » — d'ordinaire moins solide que celle des Anglais et des Allemands — avec quelques hauts moments spécifiques.

Quand Baudelaire offre au moderne la seule issue à son tourment, qui serait de l'attacher au *fugitif*, il obéit sans le savoir à un réflexe ancien : échapper aux impulsions du romantisme, cueillir l'immédiat dans sa fleur, si l'on peut dire ; le souvenir de miniaturistes comme Pucelle, de sculpteurs comme Goujon, de peintres comme Watteau vient illustrer ou, du moins, encourager cette proposition.

Pour le dire d'une manière simple et brutale, qui pourra choquer ici ou là, j'ai moins aimé les Français que la France et moins la France que l'art français, tout en m'étant donné, je crois, plus de mal que quiconque pour montrer comment c'est à travers leur idée de la France que les Français ont entrepris et accompli tant de choses extraordinaires dans leur art. On pourra, et on devra contester une infinité de détails, dans un ouvrage de cette dimension. On pourra marquer de l'irritation ou de l'hésitation devant plus d'un jugement hâtif ou péremptoire. Mais on ne pourra pas d'ici longtemps refuser les positions-clefs de cette construction — l'idée de *sollertia* venant du fond des âges et la culture artisanale (je ne dis pas : populaire) qui s'est nouée, muée, fixée, perdue au cours des générations. L'idée de l'« assimilation sélective » qui peut seule rendre compte de la position tour à tour absorbante et dominatrice de l'art français au milieu des arts européens (dont, faut-il le rappeler ? toute l'histoire est à reprendre...) À quoi s'ajoute l'apparition périodique d'un style léger, exquis, heureux, style du bonheur d'être et du plaisir de rayonner, qui, par ces épiphanies successives, s'est inscrit en profondeur et s'est en quelque sorte confirmé comme la poétique singulière et privilégiée, le don au monde de ce pays. Associé, bien sûr, à un sens inouï de l'enchaînement formel, sans lequel il n'y aurait pas eu sur cette terre inépuisable, des architectures somptueuses et émouvantes à n'en plus finir.

Qu'on sente passer dans ces lignes comme un frisson sur l'eau ou dans les feuilles, quelque chose de rare et de pur qui n'est pas pure frivolité et manque de poids conceptuel. Le rayon oblique de l'ironie, l'acquiescement au monde et le léger voile de mélancolie de qui est blessé par la fuite des jours.

Tables des matières

Achevé d'imprimer en Septembre 1993
sur les presses de l'imprimerie Maury Eurolivres SA
45300 Manchecourt
N° d'Éditeur : 14663.
N° d'Imprimeur : 93/09/M2298.
Dépôt légal : Octobre 1993.